Brochure N° 123 — Août 1926

# LOURDES

## Comment expliquer les Guérisons Miraculeuses?

Enquête de L'IDÉE LIBRE - 38 Réponses

Réponses de MM. les Drs Cabanès, Marchand, Legrain, Héricourt, Lévy, l'abbé Viollet, le pasteur Segond, Han Ryner, Marcel Boll, Henri Barbusse, Mme Renée Dunan, Grillot de Givry, etc., etc.

Prix : 2 francs 75

ÉDITION DE LA REVUE *L'IDÉE LIBRE*

*LOURDES*

*Comment expliquer les Guérisons Miraculeuses ?*

Brochure N° 123 — Août 1926



# LOURDES

## Comment expliquer les Guérisons Miraculeuses?

Enquête de L'IDÉE LIBRE - 38 Réponses

Réponses de MM. les Drs Cabanès, Marchand, Legrain, Héricourt, Lévy, l'abbé Viollet, le pasteur Segond, Han Ryner, Marcel Boll, Henri Barbusse, Mme Renée Dunan, Grillot de Givry, etc., etc.

ÉDITION DE LA REVUE *L'IDÉE LIBRE*

# PRÉFACE

Toutes les religions ont leurs miracles, leurs pèlerinages — leur révélation divine. Pour suggestionner la foule des croyants, elles exploitent certains phénomènes mal expliqués ou inexplicables encore (dans l'état présent des connaissances). Ces phénomènes sont considérés comme des manifestations merveilleuses, par lesquelles Dieu cherche à démontrer sa puissance et à établir le caractère de sainteté et d'authenticité de la religion qui est en cause.

« Le miracle... c'est un acte qui fortifie la Foi ! » (1). Quelles que soient sa forme et son origine, l'acte miraculeux n'a pas d'autre utilité, en effet, que de dissiper les doutes et de fournir aux croyances un aliment nouveau et durable. Le musulman qui se rend à La Mecque, le bouddhiste qui processionne au Thibet ou dans l'Inde, le chrétien qui s'acheminait hier vers les « lieux saints » de Palestine, le catholique moderne qui prend le train pour Lourdes ou Lisieux, obéissent à des sentiments identiques. Même ignorance aveuglément confiante, même fanatisme borné, même exaltation sentimentale, même espérance de voir bouleverser les lois naturelles par la volonté d'un maître suprême.

Il n'est pas inutile d'étudier, une fois de plus, ces phénomènes et d'essayer de leur donner une explication rationnelle.

Une telle étude est d'autant plus nécessaire que l'on fait grand bruit autour du miracle, autour de Lourdes en particulier. C'est un des principaux moyens d'action de l'Eglise, son meilleur cheval de bataille, peut-être...

Le nombre des pèlerins français a été, pour 1923, de 201.820.

Les pèlerins étrangers ont été au nombre de 247.840.

A ces chiffres, il faut ajouter les pèlerins individuels, dont le total est peut-être plus considérable encore (**Annales de Notre-Dame de Lourdes**).

On atteint ainsi un total de 900.000 pèlerins pour l'année 1923. Ce chiffre est à peu près équivalent à celui qui avait été fourni,

(1) Bernard Shaw, *Sainte Jehanne*.

pour 1922, par les statistiques de la Compagnie des Chemins de fer du Midi. L'année 1924 n'a marqué qu'un très léger fléchissement.

Le nombre des malades a été de 13.000, en 1923, au lieu de 9.000, en 1922.

Les guérisons ont été peu nombreuses, car il ne faut pas oublier, nous disent les **Annales**, que « le miracle est, de sa nature, une chose rare et extraordinaire (1). Evidemment.

Dostoïevsky fait dire la même chose, en d'autres termes, à un de ses personnages, qui déclare :« que le miracle consiste en ceci qu'il n'a jamais eu et n'aura jamais son semblable ».

Les guérisons de Lourdes ont-elles un caractère aussi exceptionnel et aussi... éblouissant ?

Le développement des sciences psychiques, une connaissance plus approfondie de notre « inconscient », des faits de suggestion et d'auto-suggestion, sont de nature à limiter chaque jour davantage le domaine où règne le merveilleux.

L'âme humaine n'a pas livré tous ses secrets et nous ne connaissons pas encore toutes les ressources, toutes les richesses de notre organisme, de notre système nerveux surtout...

Il faut donc étudier, avec impartialité, avec patience, tous les phénomènes « surnaturels », toutes les guérisons « miraculeuses ». La présente enquête vise à apporter un peu de lumière nouvelle dans une question qui fut souvent débattue. Nous faisons appel aux opinions les plus diverses ; nous donnerons la parole à tous ceux qui nous apporteront des idées, quelles qu'elles soient.

Combattre l'ignorance ; lutter contre la peur, contre la superstition ; expliquer les choses de l'univers et de la vie d'une façon harmonique et claire ; rechercher la lumière et la vérité, de toutes ses forces, de toute sa sincérité, n'est-ce pas le meilleur moyen d'être utile à l'humanité ?

Nous sommes profondément reconnaissants à toutes les personnes qui ont consenti à participer à notre enquête et qui ont répondu à la question que nous leur avions posée :

**Que pensez-vous des "guérisons miraculeuses" de Lourdes et comment les expliquez-vous ?**

André LORULOT.

(1) Parmi les guérisons obtenues en 1923, les *Annales de Lourdes* signalent : deux cas d'ulcère de l'estomac ; trois cas de tuberculose, pulmonaire ou péritonéale ; six cas de mal de Pott ; une tumeur du pancréas ; une myélite ; une hémiplégie. 51.000 messes ont été célébrées et 776.000 communions distribuées. En somme, beaucoup de... bruit et peu de résultats.

# Les Guérisons Miraculeuses de Lourdes

Voici les réponses qui nous sont parvenues. Nous les publierons dans l'ordre où nous les avons reçues.

**DOCTEUR CABANES.**

La question sur laquelle vous me demandez mon avis — les miracles de Lourdes — est de celles qui ont été plusieurs fois agitées dans les colonnes de la revue que je dirige depuis plus de 30 ans, la *Chronique Médicale*.

Personnellement, je n'ai été témoin d'aucun fait de guérison d'un cas prétendu incurable par la science ; cela ne signifie pas qu'il n'en existe point ! On en a cité, et entouré de toutes garanties ; qu'en conclure ? Sinon que dans l'état actuel de nos connaissances, il reste encore de l'inconnaissable, qui ne sera peut-être plus un mystère pour ceux qui viendront après nous.

Dr CABANES (1).

***

**DOCTEUR MARCHAND.**

Qu'entend-on par miracle ? Un effet contraire aux lois de la nature, un effet dont la cause échappe à la raison de l'homme et est attribué, dans certains cas, à une puissance surnaturelle.

---

(1) Rédacteur en chef de la *Chronique Médicale*, auteur de nombreux et savants ouvrages universellement appréciés, créateur véritable de la science médicale historique, qui jette un jour si curieux et si révélateur sur les causes de maints événements importants de la vie des peuples... et de ceux qui les dirigent !

Mon opinion sur les miracles de Lourdes ne diffère pas de celle qui concerne les miracles en général, auxquels s'appliquent les considérations suivantes.

Comme médecin spécialiste, je n'aurai en vue que les guérisons miraculeuses des maladies du système nerveux. Les neurologues sont mieux placés que quiconque pour discuter d'une façon rationnelle des miracles, car ils sont fréquemment témoins de guérisons brusques, rapides, considérées comme miraculeuses par les personnes de l'entourage du malade.

Mais, dira-t-on, pour qu'il y ait « miracle », il faut que l'affection guérie ait été considérée comme incurable par les spécialistes ? C'est justement le point délicat à discuter. Mais, auparavant, il est nécessaire de donner aux lecteurs quelques notions générales sur la pathogénie des affections du système nerveux.

On peut diviser les maladies nerveuses en deux grandes classes : les affections fonctionnelles et les affections organiques.

Aux affections fonctionnelles ne correspondent dans l'organisme aucune lésion apparente du système nerveux ; seul le dynamisme cellulaire ou les conductions nerveuses se font mal ou pas du tout. Si on compare, par exemple, les fonctions nerveuses aux phénomènes qui se passent dans une pile électrique, on peut dire que la pile et ses fils conducteurs sont intacts mais le courant ne passe pas, parce que les réactions chimiques qui doivent se produire ne sont pas assez fortes ou ne se font pas.

Aux affections organiques correspondent des lésions du système nerveux, lésions qui, à l'autopsie, sont visibles, soit à l'œil nu, soit à l'examen microscopique. Ces lésions sont de deux sortes : elles sont curables ou incurables.

Quand un médecin neurologue pose un diagnostic et par là même un pronostic, toute sa science consiste à classer dans un des groupes ci-dessus la maladie dont est atteint le sujet examiné.

Les cas de guérison brusque, rapide, des affections nerveuses, dites fonctionnelles, sont extrêmement communs. Tous les médecins obtiennent chaque jour de telles guérisons par des moyens aussi variés qu'ingénieux. Ce sont là des guérisons miraculeuses escomptées d'avance. Parmi ces moyens, il faut le reconnaître, l'exaltation religieuse peut être utilisée et la guérison est souvent obtenue à la suite d'un pèlerinage à Lourdes ou ailleurs.

Rationnellement, on ne peut considérer ces guérisons comme des miracles. On ne doit admettre comme tels que les cas de guérison brusque d'affections organiques du système nerveux. Par exemple, un soldat a été blessé au niveau de la colonne vertébrale ; sa moelle a été sectionnée et une paralysie des membres inférieurs en a été la conséquence. La guérison brusque de cet état serait un miracle.

La question se résoud ainsi : existe-t-il des observations de maladies nerveuses considérées comme organiques qui ont guéri brusquement sous une influence quelconque ? Les cas semblent exister et on s'appuie sur eux pour parler des miracles ; mais quand on reprend l'histoire de ces sujets on reconnait qu'il s'agit d'erreurs de diagnostic.

Je disais plus haut que le talent du neurologue consiste à reconnaître si une affection est de nature organique ou de nature fonctionnelle. Les progrès accomplis depuis une vingtaine d'années permettent de résoudre le problème dans 99 pour 100 des cas ; il existe donc de très rares cas dans lesquels tout concourt pour tromper le clinicien. *Errare humanum est.*

Je me rappelle avoir examiné pendant la guerre un sujet atteint de paraplégie (paralysie des membres inférieurs) post-commotionnelle. L'examen de son liquide céphalo-rachidien, pratiqué immédiatement après la commotion par éclat d'obus, était sanguinolent, constatation qui indiquait déjà l'atteinte grave du névraxe. Les symptômes cliniques présentés dans la suite ne laissaient aucun doute sur l'organicité de l'affection. Ce malade fut examiné par plusieurs neurologues éminents et le diagnostic de paraplégie organique paraissait indéniable. Je suivis ce malade pendant plus d'un an ; malgré les divers traitements suivis, on n'obtint aucune amélioration de la paralysie. Ce sujet restait incapable de mouvoir ses membres inférieurs. Quelle ne fut pas ma surprise quand, quelques mois après la cessation des hostilités, je vis ce malade venir me rendre visite, marchant sans canne et heureux de venir me faire constater sa guérison qu'il avait obtenu, ajouta-t-il, à la suite de ferventes prières.

J'examinai de nouveau ce sujet et je retrouvai chez lui les mêmes symptômes de lésions organiques que ceux constatés jadis. La marche n'était pas complètement normale, elle était spasmodique. Comment expliquer un tel cas ? Aux lésions organiques médullaires déterminées par la déflagration de l'obus, étaient venus s'associer, se surajouter, des phénomènes nerveux fonctionnels. Le diagnostic que les neurologues avaient posé était juste mais incomplet. Ils avaient bien vu les symptômes déterminés par les lésions médullaires, mais la paralysie des muscles des membres était de nature fonctionnelle. Les lésions médullaires à elles seules n'étaient pas suffisamment profondes pour causer la diminution de la force musculaire entraînant l'impossibilité de marcher.

En résumé, les guérisons miraculeuses des maladies du système nerveux sont, ou facilement explicables, car il s'agit alors de la disparition brusque de troubles fonctionnels ; ou bien il s'agit d'erreurs de diagnostic ; une affection fonctionnelle a simulé une affection organique. Le miracle a consisté à guérir une affection fonctionnelle prise pour une affection organique.

J'en ai vu, de ces petits miracles, dans ma jeunesse ; et je n'ai pas été très ému. J'ai assisté à des séances de prestidigitation sans désirer connaître les méthodes des thaumaturges qui opéraient sous mes yeux. Que Dickson pardonne à ma paresse intellectuelle : je ne dépenserai jamais un franc et une heure à l'entendre débiner les trucs.

Les miracles d'Esculape ou de la Vierge sont-ils exagérés par la Renommée ? Je le soupçonne. Mais je n'éprouve pas le besoin de choisir dans le tas.

Beaucoup de gens vivent de Lourdes et particulièrement, je suppose, les médecins chargés de constater les guérisons. Ce n'est pas une raison pour qu'ils mentent toujours.

M. Coué aussi fait des miracles. C'est que la guérison peut être produite, semble-t-il, par des émotions et des calmants psychologiques autant que par des drogues. Pour ceux qui croient qu'on explique quelque chose, la suggestion explique beaucoup de choses. Chez M. Coué, comme chez Madame la Vierge, il faut la foi.

On me dit : La suggestion agit sur la fonction, non sur l'organe. Je ne suis pas certain, en effet, qu'Esculape ou la Vierge ait jamais fait repousser une jambe coupée. Si l'un ou l'autre voulait me convaincre par une telle nouveauté, qu'il ne prenne pas cette peine : je songerais en souriant que le lézard opère couramment quand il a perdu sa queue à la bataille, le petit miracle impossible jusqu'ici, semble-t-il, aux dieux mâles ou femelles de toutes les religions. Je ne m'étonnerais pas si quelques guérisons dépassaient un peu le domaine physiologique et pénétraient au royaume organique. Ici comme presque partout, les frontières ont quelque chose de flottant et d'incertain. D'ailleurs, on nous affirme que la fonction crée l'organe. Comment la fonction régularisée par une force interne ne réglerait-elle pas, quelquefois jusqu'à la santé, l'organe lui-même ?...

Et tout cela m'est prodigieusement indifférent. Comment ces pauvres petites questions m'empêcheraient-elles de dormir, moi qui ne meurs pas d'effarement dans un univers changeant dont l'existence et les changements sont également inexplicables ? Dans un monde impossible je réalise avec sérénité un être impossible et je ne me trouble pas si je crois apercevoir, au détail, une impossibilité de plus ou de moins.

HAN RYNER.

⁂

**ANDRE BOURRIER**

Il y a dans la nature des forces inconnues, dont l'explication échappe aux données de la science actuelle. Le croyant appelle *surnaturel* ce qui ne peut être expliqué naturellement. Exemple : le tonnerre, qui fut l'arme de la colère de Jupiter jusqu'au jour où l'on a découvert l'électricité et où les enfants ont appris dans leurs livres classiques que l'on peut dérober ses foudres à Jupiter, au moyen d'une barre d'acier et d'un fil de fer...

On doit dire de même des maladies, qui furent l'œuvre d'un démon jusqu'au jour où la science nous a appris comment on guérit les démoniaques dans les cliniques et à la Salpêtrière. Jésus — s'il a existé — avait étudié, chez les Esséniens, l'art de guérir par des procédés qui sont aujourd'hui la propriété de tous les guérisseurs de village et des charlatans forains.

La suggestion, les nerfs, les influences ambiantes peuvent tout expliquer.

Prétendre accaparer l'*inconnu* ou l'*inconnaissable* pour en faire la propriété du divin ou du diabolique, c'est retourner aux siècles d'ignorance et de ténèbres.

Zola, dans son roman de *Lourdes*, a fort bien exposé la valeur du miracle devant la science.

D'ailleurs, dans les commissions ecclésiastiques instituées pour l'étude des faits miraculeux qui leur sont soumis, les théologiens qui concluent négativement sont plus nombreux qu'on ne pense. Là encore, il y a les exaltés et les sages, les fanatiques et les scientifiques. On ne calculera jamais la quantité de miracles que ceux-ci ont écarté *a priori*.

L'abbé Brémond n'a-t-il pas vu sa *Vie de Sainte-Chantal* condamnée pour avoir exclu le surnaturel (ou *merveilleux*) de son récit ? On condamne l'ancien jésuite, et l'on permet à un autre, qui est encore dans l'ordre, de dire et de faire plus. Rome en est là.

Le merveilleux, ou plutôt le besoin de merveilleux, est une des maladies du cerveau humain. Il y en aura toujours dans toutes les religions, et peut-être aussi ailleurs que dans les religions, hélas !...

André BOURRIER (1).

***

**DOCTEUR LEGRAIN.**

Questionner un aliéniste sans prétention sur les miracles de Lourdes ou d'ailleurs, n'est-ce pas préjuger sa réponse ? Je ne veux être désagréable à personne, pas même aux croyants sincères pour qui la puissance divine apparaît sous une forme quelque peu extravagante derrière les miracles, mais je ne puis pas demeurer sans indignation quand je vois perdurer en plein vingtième siècle une aussi honteuse exploitation des simples et des naïfs.

Une enquête sur le mécanisme des guérisons par auto-suggestion des gens de foi est une superfétation et un anachronisme. La question ne devrait plus être posée.

---

(1) Ancien prêtre catholique, ancien pasteur protestant.

Prenons en pitié pure et simple les gens qui demeurent encore bouche bée au seuil du mystérieux et qui ne répugnent pas à en trouver la clé dans l'occultisme. Fils de Claude Bernard et de Pasteur lui-même, qui pourtant fut un croyant, n'acceptons pour article de foi que ce qui ne heurte pas le bon sens d'une façon révoltante. La religion saine et respectable n'a que faire de telles billevesées qui déshonorent notre siècle.

Malgré mon respect systématique pour les croyants de bonne foi, je ne puis que rougir quand je me heurte à l'ignoble mercantilisme qui s'étale encore dans tous les lieux miraculés. Je suis allé à Lourdes, j'y ai vu de mes yeux des gens apportant à la Grotte des lettres cachetées, avec timbre pour la réponse. Vous pourrez y entendre l'horloge de la Cathédrale semer à chaque heure des *Ave Maria* à tous les vents ; vous pourrez y entendre la Vierge, habilement truquée par un phonographe abdominal, s'écrier à la moindre sollicitation : « Je suis l'Immaculée Conception ! » Vous pourrez y discerner, pendant la nuit, la grande statue de la Vierge dominant Lourdes, dont les cinq doigts se terminent par des ampoules électriques.

Nous pûmes surtout y discerner sans fin la cohorte des pauvres gens que de tels enfantillages tiennent en contemplation, sans qu'un catholique sérieux fasse le moindre geste pour chasser cette masse imbécile.

Je dis qu'une religion capable encore d'employer de pareils procédés pour assurer son succès se fait mal juger. Elle a tort. Elle s'honorera le jour où elle aura résolument, sainement, loyalement chassé les marchands du Temple.

Dr LEGRAIN,

Médecin-Chef des Asiles d'Aliénés de la Seine.

***

**HENRI BARBUSSE.**

Mon cher André Lorulot,

Je réponds à votre enquête. Vous me demandez si je crois aux guérisons miraculeuses de Lourdes. Ma réponse est : non et oui.

**Non,** parce que je considère comme de pures illusions enfantines les soi-disant réalités révélées par la religion. Je ne crois pas à des interventions divines en faveur des malades parce que je ne crois en aucun cas à une intervention divine en quoi que ce soit.

**Oui,** parce que, incontestablement, il y a eu des guérisons de maladies accomplies par des thaumaturges ou des personnes se prévalant du surnaturel. C'est là l'utilisation d'un fait scientifique, abusivement employé pour faire croire à du supra-scientifique. Beaucoup de théories actuelles, issues d'expériences nombreuses et de principes logiques, établissent que la confiance, que l'idée fixe peuvent être, dans certains cas ou dans une certaine mesure, des agents de guérison. Je crois que la plupart des miracles, notamment ceux que l'on attribue au Christ ou aux Apôtres, n'avaient pas d'autre origine. Les circonstances de ces guérisons miraculeuses sont d'ailleurs presque toujours les mêmes et témoignent d'une sorte de suggestion organique faite par une personne dont le malade subit le prestige.

Bien amicalement à vous. Henri BARBUSSE.

**MADAME RENEE DUNAN.**

Ce que je pense des *Guérisons miraculeuses de Lourdes*, cher Monsieur, est d'une simplicité extrême :

L'idée d'un Dieu tout puissant, barbu et vêtu de robes de chambres immaculées, chargé, avec toute une cohorte de sous-verges, de nurses, d'enfants de troupe et de valets de pied, de récompenser la foi, la prière et autres petites ou grandes folies humaines, est une plaisanterie d'après boire. Donc le « *Miracle* » au sens canonique, est une fantaisie de vaudeville. Ceci dit, comment expliquer les faits ? Hé bien, quand cela ressortit aux connaissances que nous avons déjà : psycho-pathologie, suggestion, simulation inconsciente, travail secret des forces psychologiques, psychiatrie glandulaire, etc..., etc... il n'y a qu'à faire rentrer dans le cadre les phénomènes déjà connus. Y en a-t-il d'autres incapables de se plier à cette épistemologie ? En ce cas, ne nous en faisons pas.

L'inexplicable d'aujourd'hui sera expliqué demain. Nous n'avons pas dit notre dernier mot. Il reste du mystère partout, pourquoi pas là ? Je n'en suis pas à mille ans près... Mais pour quant à l'influence apôtropéenne d'un Dieu (à supposer que ce mot ait un sens) elle est d'autant plus difficile à admettre que tous les dieux font des miracles, même celui des Botocudos. Tous aussi restent impuissants... sauf Priape, qui, lui, généralement, est sans doute le vrai...

Bien votre

Renée DUNAN.

***

**VICTOR MARGUERITTE.**

Les Miracles de Lourdes ne s'expliquent que par la crédulité humaine. Et la crédulité humaine ne s'explique que par une ignorance et une stupidité sans fond.

Victor MARGUERITTE

***

**HENRI DURVILLE.**

Mon cher confrère,

Le problème que vous posez est assez complexe, donc délicat à résoudre, car il faut tenir compte de bien des influences qui entrent en jeu.

Cependant — et sans nier l'intervention de forces ambiantes qui me paraissent jouer un certain rôle dans les centres de pèlerinage (et cela en dehors de toute donnée confessionnelle) — deux facteurs apparaissent au premier plan dans la genèse des « miracles » : la *pensée* et l'*émotion*.

Ces facteurs, nous les connaissons et nous les employons journellement dans le traitement des troubles organiques, nerveux ou moraux. Et, fort d'une expérience déjà longue, je puis dire que tout « miraculé » à Lourdes *l'aurait été aussi bien par nous*. Nos résultats en témoignent.

La méthode que j'emploie diffère de celles employées jusqu'ici, soit par Liebault, Bernheim, Liégeois, Déjerine, Dubois de Berne, ou Deschamps. J'interviens dans le processus mental et dans les réactions vitales par la voie émotionnelle, ce qui multiplie considérablement l'action heureuse du psychologue.

J'ai déjà esquissé la technique nouvelle dans trois de mes livres récemment parus : *Voici la lumière ; Je veux réussir !* et *Cours de Magnétisme personnel*. Mais le problème n'est qu'amorcé. Et je compte, dans une année, publier intégralement la méthode. C'est un très gros in-8° en perspective qui, je le pense, fera avancer la question.

Excusez-moi de répondre si brièvement et croyez à mes sentiments toujours très confraternels.

Henri DURVILLE.

***

**DOCTEUR HERICOURT.**

Ce que je pense des guérisons miraculeuses de Lourdes ; et comment je les explique ?

Mais tout simplement par la suggestion et l'auto-suggestion, qui, non pas seulement dans les lieux de pèlerinage, mais aussi bien dans les hôpitaux, dans les milieux familiaux, ont partout et en tous temps, procuré de telles guérisons miraculeuses.

Certes, du mécanisme psychologique de la suggestion et de l'auto-suggestion, nous ne connaissons absolument rien, mais nous connaissons cependant ceci, qui est bien important, à savoir que les troubles que guérit la suggestion sont précisément ceux que la suggestion peut provoquer, et ne sont que ceux-là.

Par ce fait, la question est entrée dans le domaine de l'expérimentation et a dépouillé, du coup, tout caractère surnaturel.

Toutefois, ce qui est le propre de l'action des milieux de pèlerinage, c'est son *intensité*, qui résulte de la combinaison des conditions individuelles et des conditions extérieures, de l'espoir et de l'émotion des malades, de la mise en scène, etc..., d'où une auto-suggestion *intensive*, bien plus agissante évidemment que l'auto-suggestion dérivant de la volonté ou du désir des malades, ou que la suggestion imposée par le médecin.

La condition primordiale de l'efficacité de la suggestion est, en effet, l'*émotion* ; et, dans les lieux de pèlerinage, cette condition se trouve réalisée au plus haut degré.

Dr HERICOURT.

***

**ABBE VIOLLET.**

Monsieur,

Vous me demandez mon avis au sujet des miracles de Lourdes. Je ne demande pas mieux que de vous donner satisfaction, mais j'avoue ne pas comprendre pourquoi vous circonscrivez votre enquête aux seuls miracles de Lourdes.

La question que vous posez vaut pour tous les miracles et revient à se demander s'il y a ou non des miracles dans le monde.

Pour répondre à cette question, il faut résoudre préalablement plusieurs problèmes.

Le premier est celui de l'existence de Dieu. Il va de soi que la croyance au miracle est une absurdité pour qui commence par nier l'existence et la toute-puissance d'un Dieu libre et créateur.

Il faut ensuite préciser la notion de « loi naturelle ». Or vous savez comment la science la plus récente ne voit plus dans la loi naturelle une puissance fatale à laquelle Dieu lui-même serait obligé d'obéir, sous peine de contredire sa propre création, mais un ensemble de relations entre les divers phénomènes de la nature. Ces relations n'ont d'ailleurs rien de fatal et peuvent se modifier au cours des temps.

Au reste, la définition du miracle ne date pas de l'époque où Descartes prétendit définir les lois de la nature et les enfermer dans un déterminisme rigide. Elle lui est antérieure et la définition actuelle est très simple : un phénomène dépassant le pouvoir ordinaire et actuel des hommes.

Ceci ne va pas à dire que tout phénomène d'apparence extraordinaire soit un miracle. Vous savez comment l'Eglise se livre à de minutieuses enquêtes avant de qualifier de miraculeux un phénomène exceptionnel. Dans son enquête, elle ne prétend aucunement marquer les limites de la science et décide que celle-ci ne pourra pas un jour reproduire le phénomène qu'elle étudie. Elle se contente de constater que ce phénomène dépasse le pouvoir actuel de la science humaine et recherche quels sont les antécédents et les conséquences morales et religieuses du fait extraordinaire qu'il s'agit de qualifier.

Sachant que l'ange des ténèbres peut prendre les apparences de l'ange de lumière, autrement dit que le faux miracle peut fort bien ressembler au vrai miracle quant aux apparences extérieures, elle s'applique à dégager les causes qui ont produit le miracle et les effets qui l'ont suivi : la foi du miraculé ou de son entourage, la confiance qui a accompagné la prière, les résultats du miracle sur l'âme de celui qui en a été l'objet et sur ceux qui en ont été le témoin, l'augmentation de foi et de vertu qui en sont résultés, etc...

Vous voyez que l'Eglise, sans entrer sur un terrain scientifique qui n'est pas de son ressort, se contente d'examiner les conditions religieuses du fait pour voir s'il convient d'y trouver une intervention exceptionnelle de la grâce et de la puissance de Dieu.

D'ailleurs, pour vous montrer comment l'Eglise sait concilier sa croyance à l'action de Dieu avec les doctrines les plus modernes et la subconscience, il me suffira de vous citer un passage du grand psychologue que fut Saint François de Sales, dans lequel l'auteur du *Traité de l'amour de Dieu* s'efforce de donner une explication des stigmates de Saint François d'Assises.

« Ce grand serviteur de Dieu... voyant la vive image de « son sauveur crucifié... il s'attendrit plus qu'on ne saurait « imaginer, saisi d'une consolation et d'une compassion sou- « veraine... Cette âme donc ainsi amollie, attendrie, et presque « fondue en cette amoureuse douleur, se trouva par ce moyen « extrêmement disposée à recevoir les impressions et les « marques de l'amour et douleur de son souverain Aimé... « Or l'âme, comme forme et maîtresse du corps, *usant de « son pouvoir sur iceluy*, imprima les douleurs des plaies dont « elle était blessée, aux endroits correspondant à ceux dans « lesquels son Aimé les avait endurées. L'amour est admirable « pour aiguiser l'imagination afin qu'elle pénètre jusqu'à « l'extérieur.... Une imagination puissante fait blanchir un « homme en une nuit, détraque sa santé et tous ses humeurs. « L'amour donc fit passer les tourments intérieurs de ce grand « amant saint François jusqu'à l'extérieur, et blessa le corps « d'un même dard de douleur duquel il avait blessé le « cœur (1).

Vous voyez comment s'unissent dans cette doctrine l'action de Dieu et celle des puissances de l'âme.

Il est évidemment toujours loisible à l'incroyant de nier

(1) *Traité de l'Amour de Dieu*, l. VI, ch. XV.

l'action de Dieu ; mais cette négation, à propos du miracle, l'oblige à une négation semblable à propos de tous les phénomènes surnaturels. Celui qui ne croit pas à la possibilité du miracle, ne doit pas croire davantage à l'action de Dieu dans le monde. Si bien que nous en revenons pratiquement à la question du début : pour croire au miracle, il faut commencer par croire à l'action et à la puissance de Dieu dans l'univers créé.

Veuillez agréer, Monsieur, l'expression de mes sentiments respectueux.

J. VIOLLET (1).

⁂

**DOCTEUR MARIAVE.**

Vous me faites l'honneur de me demander mon avis sur les miracles de Lourdes.

La définition du miracle par les théologiens est idiote. Si le miracle était une dérogation aux lois de la nature, il serait une absurdité et un blasphème. Dieu ne déroge pas. Il est la Loi d'Amour et Il l'observe. Il y a une justice automatique que l'homme déclanche en qualité de Fils de Dieu et de collaborant à la création. La matière est maintenue dans l'existence par l'Amour dont elle n'est qu'une manifestation. Lorsque l'Amour défaille, la matière se dissocie, et, lorsque l'Amour s'exalte, la matière s'organise et resplendit.

Belleza del Mundi est l'expression d'un Amour éternel, infini, absolu. Le Cosmos est intelligence, beauté, sainteté, parce que : Amour-Sacrifice.

Tous les hommes communient en cet Amour que représente en chacun de nous le Cœur, rayon divin, image réelle de la Lumière Increée, et, lorsque les foules s'assemblent, elles ont, par la multitude des cœurs vibrant à l'unisson, une puissance créatrice extraordinaire. La matière vivante en reçoit un surcroît d'activité, les tissus sont régénérés, les plaies cicatrisées, les os recalcifiés. Il n'y a là rien d'extraordinaire ; le prodige est, qu'ayant conscience de notre fonction divine d'êtres libres et créateurs, nous puissions douter de Lourdes, de la Salette et du miracle, en général, car il est en l'animal mystique en permanence.

Les prêtres voient là du surnaturel, un mystère. Quelle ignorance ! Quelle sottise ! Quelle ignominie ! Evidemment, plus il y aura de mystères et plus ils pourront raconter de

---

(1) Monsieur l'Abbé Viollet, curé de l'église Notre-Dame du Travail (à Vaugirard), fondateur de l'association du « Mariage Chrétien », est une des personnalités les plus combattives, les plus courtoises, les plus tolérantes, de l'Eglise catholique.

boniments, exploiter la crédulité et dominer les simples qu'ils gavent de leur moraline, comme disait Nietzsche.

Dr MARIAVE (1).

⁂

**L. BARBEDETTE.**

En science, explications et faits ne sauraient se confondre, car les premières changent et les seconds demeurent ; cette distinction est spécialement opportune dans l'étude des phénomènes rares, qualifiés *miracles*. La brusque guérison d'un paralytique s'explique par des causes nerveuses aujourd'hui, en l'an douze cents, elle requérait l'intervention divine ; celle du cancer et des maladies organiques, presque surnaturelle encore, aura bientôt cessé de l'être. Parce qu'approchées seulement, nos lois les plus certaines sont toujours revisables, elles n'ont rien de l'infaillibilité des sentences papales ; les faits qu'elles interprètent n'en gardent pas moins leur exactitude primitive. A Lourdes, incroyants et croyants pourraient donc collaborer lorsqu'il s'agit de simples constatations objectives, dans la mesure du moins où la foi s'accompagne d'esprit critique et d'impartialité. Quoiqu'insolite ou inexpliqué, le fait s'impose. s'il est vrai ; lui jeter l'anathème, c'est faire preuve d'incompréhension ou de suffisance.

Mais l'Eglise est vraiment plaisante dans son interprétation des faits : elle attribue les guérisons qui se voient à des entités qu'on ne voit pas. Je constate que des malades sont guéris, je constate que des forces physiques d'une puissance exceptionnelle : suggestion collective, foi religieuse, etc., ont agi sur ces malades. « Vous n'y êtes pas » déclare le prêtre catholique ; et il imagine la présence occulte d'une Vierge, comme le derviche dont les incisions se cicatrisent instantanément suppose celle de Mahomet, comme le thaumaturge thibétain suppose celle du Bouddha. Puisque toutes les religions se vantent à juste titre d'accomplir des miracles, on aurait pu conclure, malgré leurs contradictions, qu'elles sont toutes vraies ; mais pour leur commun malheur, des psychiâtres athées, des hypnotiseurs incroyants sont en train de les supplanter dans cet art divin. Pour sortir de ce mauvais pas, l'Eglise dispose, je le sais, du diable, personnage fort utile et par surcroît invisible comme la Vierge. Alors il singerait Dieu trop exactement pour ne pas se confondre avec lui.

Maintenant, il serait bon de savoir le nombre exact des malades qui chaque année viennent à Lourdes, celui des

(1) Le Dr Mariavé est un chrétien convaincu, mais il n'est pas clérical. Il admet le dogme, mais il repousse le prêtre — ce qui lui a valu d'être excommunié, à la suite de la publication d'un livre vraiment indépendant et original : *Le Philosophe suprême*.

guéris, celui des morts et, si possible, celui des malades qui ont vu leurs souffrances croître ou diminuer. Une telle statistique permettrait de se prononcer sur la valeur sociale de cette officine où l'on fabrique les miracles et vend l'espérance.

L. BARBEDETTE (1).

***

**Dr JAWORSKI.**

Voici, en deux mots, ce que je puis dire des miracles de Lourdes, n'ayant pas été sur place.

Les « miracles » sont excessivement rares. J'ai pu assister dernièrement à plusieurs débats sur la question. Des partisans fanatiques et très haut placés (comme médecins) y assistaient. Or, ils ont eu très peu d'observations à présenter et presque toutes étaient très anciennes. La plus importante et la plus connue remonte aux environs de la guerre de 1870. Il s'agit de la reconstitution presque immédiate d'un tibia qui présentait une très grosse perte de substance. Evidemment, cela serait miraculeux, mais, d'abord, est-ce vrai ?

Nous ne pouvons pas nous mettre d'accord actuellement sur la question de l'ectoplasme qui s'expérimente un peu partout et l'on voudrait que nous admettions une chose aussi extraordinaire qui aurait eu lieu il y a 50 ans !

D'un autre côté, toutes les religions et toutes les sectes fanatiques présentent des histoires absolument analogues — et dans tous les temps Il y a probablement là un fonds de vérité. Certainement, il y a quelque chose de plus que la suggestion, mais il est également certain que la Vierge de Lourdes y est pour très peu de chose... L'autre jour, j'ai causé avec un Antoiniste : le Père Antoine a fait aussi (en Belgique) de véritables miracles et lui, présent, y était certainement pour beaucoup plus (dans les résultats obtenus) qu'à Lourdes une vierge supposée.

Je pense néanmoins que la foi est quelque chose de plus que la suggestion, cette suggestion si à la mode, qui n'expliquera plus tout, demain, quand on aura trouvé autre chose de nouveau. En tout cas, grâce à la foi, nous pénétrons dans les abimes insondables de nous-mêmes, d'où peut sortir le miracle — c'est-à-dire ce qui nous paraît tel !

Dr H. JAWORSKI.

---

(1) Le professeur Barbedette, protagoniste de la « Fraternité Universitaire », est une des figures les plus philosophiques et les plus sympathiques du monde enseignant d'avant-garde.

***

**M JOLLIVET-CASTELOT.**

Il existe dans la nature des Idées-Forces, c'est-à-dire des puissances dynamiques et conscientes qui gouvernent impérieusement les individualités, par l'intermédiaire desquelles elles se manifestent.

La foi, les croyances religieuses, sont des idées-forces : elles pénètrent les âmes et s'incorporent si étroitement avec elles, qu'on ne saurait les détacher les unes des autres.

L'auto-suggestion est le signe de cette identité. C'est du tréfonds de lui-même que l'être parvient à tirer toute énergie, sous des formes parfois contraires à notre logique humaine.

Il est donc naturel, selon la loi de l'accroissement dynamique, que ces forces se manifestent au sein des collectivités avec une intensité d'autant plus considérable qu'elles sont orientées dans le même sens et que les agents qui les traduisent sont plus nombreux. Appelons ce phénomène contagion psychique si l'on veut, dans le cas qui nous occupe ici, mais qui ne présente jamais rien de miraculeux ou de surnaturel, tout phénomène se passant toujours au sein de la nature, dont nous ignorons encore presque toutes les lois et suivant un ordre rigoureux qui n'a jamais été démenti jusqu'à ce jour, pas plus dans le domaine religieux qu'ailleurs.

Les idées-forces se manifestent donc spécialement dans les vastes agglomérations humaines, dans des centres religieux, politiques, sociaux, qui se sont constitués au nom d'un principe, et qui sont, en quelque sorte, hypnotisés par lui, qui s'en alimentent et qui l'alimentent par un incessant et intime échange.

En occultisme, nous nommons *égrégores* ces centres de force qui constituent une immense individualité tyrannique et douée de facultés supra-normales.

Lourdes est un centre d'idées-forces religieuses, un *égrégore* possédant une incontestable puissance thérapeutique, faite en partie du désir intense de guérison émané des fidèles qui le composent. Mais, étant donné que les lois naturelles ne peuvent être changées dans notre plan terrestre, il ne se produit jamais de miracles, c'est-à-dire, par exemple, la reconstitution d'un membre amputé, d'un œil extirpé de l'orbite, d'une maladie nettement organique, mais par contre les guérisons des maladies nerveuses sont assez fréquentes, ce qui s'explique par le fait même de la constitution de l'*égrégore* ou de l'Idée-Force personnifiée.

Des centres analogues à Lourdes ont existé, existent et existeront dans toutes les contrées du monde, au sein de toutes les croyances et de toutes les religions, car les hommes sont partout les mêmes et leurs besoins ne changent pas, non plus que leurs maux et leurs douleurs, devant lesquels ils sont trop souvent impuissants.

L'Humanité est faible devant les malheurs qui l'accablent, devant les infirmités et les maladies incurables. La plupart des hommes implorent la guérison des êtres qui leur sont chers et la leur propre, lorsqu'ils sont atteints eux-mêmes, recourant à tous les moyens et à tous les dieux.

En résumé, le problème qui se pose à Lourdes est un problème de psychologie occulte, car tout ce qui appartient au domaine de la conscience et des idées relève de la philosophie occulte de la Nature.

Soyons pitoyables à ceux qui pleurent et qui souffrent, mais nous ne devons pas oublier que la recherche de la Vérité est notre plus haut idéal, cette Vérité dût-elle contrister les croyants. Et d'ailleurs ces croyants n'ont-ils point dans leur foi quelque chose de supérieur à Lourdes ? Quelque chose qui constitue le principe ultime de la véritable religion, c'est-à-dire la soumission absolue à la volonté de Dieu, qui est après tout, et cela d'une façon acceptable pour chaque homme, quelle que soit sa religion particulière, qui est après tout, disons-nous, le seul Maître de l'Univers.

Seulement cette sérénité est bien difficile à atteindre et voilà pourquoi il y aura longtemps encore des villes comme Lourdes et des méthodes de guérison comme celles de M. Coué et tant d'autres.

JOLLIVET-CASTELOT (1),
Directeur de la *Rose+Croix*.

***

## DOCTEUR PAUL DAUPHIN.

Cher Monsieur,

Je n'ai aucune compétence spéciale sur la question qui fait l'objet de votre enquête.

Puisque, néanmoins, vous me faites l'honneur de me demander mon opinion, la voici. Elle n'a d'autre valeur que d'être dénuée de tout *a priorisme*, et d'exprimer probablement les réflexions de quiconque aborde un pareil problème avec sincérité et humilité.

« Comment expliquez-vous les *guérisons miraculeuses de Lourdes ?* » cela revient à dire : « Croyez-vous aux miracles ?... » ou plus simplement « Etes-vous croyant ? »

Admettre le miracle, c'est du même coup, pour le croyant,

(1) M. Jollivet-Castelot, directeur du journal *La Rose + Croix*, est un des maîtres de l'occultisme et de l'alchimie modernes. Profondément religieux et spiritualiste, il n'en est pas moins très sympathique au mouvement d'avant-garde, au socialisme, à la Libre Pensée.

l'expliquer : par une intervention surnaturelle ou divine qui bouscule et dépasse toutes les possibilités jusqu'ici mises au compte de n'importe quelle thérapeutique. En définitive, c'est la suppression du facteur *Temps ;* c'est *l'instantanéité* dans la réparation d'une *lésion organique*, qui constituent les seules guérisons miraculeuses dignes d'être estampillées par le Bureau médical des constatations.

A en croire certains auteurs, tels que le Dr Pierre Vachet (*Lourdes et ses Mystères*), ces dernières seraient souvent discutables et les *Annales de Lourdes* se glorifieraient d'un certain nombre de cas où un contrôle insuffisamment rigoureux de l'état antérieur comme de l'état ultérieur des malades ne permet pas d'affirmer leur guérison ni le caractère miraculeux de cette dernière.

Mais il suffit, pour que la question reste entière, d'un seul exemple irrévocablement certifié.

Si donc l'on me met en présence, sans conteste, d'un abcès instantanément résorbé, d'une fracture *instantanément* consolidée — et il paraît bien, au dire même des plus sceptiques, que de pareils faits se sont produits — je pourrai, moi incroyant, tenter d'expliquer ces phénomènes surprenants, situés hors du cadre des observations coutumières, par une influence exceptionnelle du moral sur le physique. Elle peut être considérable. Le Dr P. Vachet en rappelle maints exemples. Et d'après lui je pourrai conclure : Une guérison miraculeuse peut être définie comme une guérison rare mais non surnaturelle.

Mais je pourrai aussi me contenter de *constater* sans vouloir *expliquer*, c'est-à-dire faire ici le même acte d'humilité que devant tout ce qui nous est actuellement inconnu, sinon inconnaissable.

Savoir dire : « je ne sais pas », en demeurant avide de savoir et de connaître, c'est l'attitude de qui n'a point d'hostilité préconçue contre la solution métaphysique donnée par les religions à la grande inquiétude humaine, mais la rejette parce qu'il a conscience de n'être qu'un grain de poussière infime dans l'incommensurable Univers.

Dr PAUL DAUPHIN (1).

***

**M. MARCEL BOLL.**

Remarquons, avant toute chose, que le mot *miracle* n'est qu'un résidu des superstitions médiévales et qu'il ne comporte aucune signification aux yeux de tout esprit cultivé contemporain. Lorsqu'on dit : « Un tel a *miraculeusement*

(1) Secrétaire d'un groupement intéressant et courageux : *Société des Médecins abstinents.*

échappé à un accident de chemin de fer », il n'y a là, en vérité, qu'une pure application des lois de la mécanique (relatives au choc et à la résistance des matériaux), à moins, tout simplement, qu'un retard dans son courrier l'ait empêché de prendre le train télescopé. Au fond, certaines personnes, peu instruites ou peu intelligentes, ont l'habitude de crier au miracle, dès qu'un événement évolue dans un sens opposé à celui que les apparences faisaient prévoir à leur pauvre petite jugeotte.

Il n'y a pas, à ma connaissance, *une seule* guérison sensationnelle, réalisée à Lourdes, qui ait été scientifiquement contrôlée, et l'Eglise eût été bien inspirée, dans son propre intérêt, en ne fléchissant pas sur sa condamnation primitive de ces pratiques thaumaturgiques. Sur ce point, je suis d'accord — une fois n'est pas coutume — avec Pierre Vachet, l'auteur de *Lourdes et ses mystères*. Le personnel médical, qui dirige la fameuse piscine et qui en vit, exagère à dessein la gravité des pronostics ; il table sur des états épisodiques d'euphorie, tout à fait normaux chez les hyperémotifs, et dissimule avec un soin jaloux les issues fatales, survenues après coup. Vachet nous rapporte fort à propos les tribulations d'un « accidenté » mythomane qui, grâce à une infirmité chronique simulée, extorqua une pension à vie d'une compagnie de chemin de fer, puis qui trouva profit et notoriété, par une guérison simulée, à Lourdes, de se débarrasser de ladite infirmité devenue sans objet.

Mais là où, avec Ernest Dupré, F. Achille-Delmas, Maurice de Fleury, Pierre Hartenberg, Georges Dumas, je me sépare de la plupart des psychiatres dits « suggestionnistes », c'est quand ceux-ci attribuent les résultats thérapeutiques (?) à la psychothérapie, c'est-à-dire à l'effet d'une *idée* sur une maladie — corporelle ou mentale. Il suffit en effet de se rappeler la lamentable histoire de l'hypnotisme, dont furent dupes d'indéniables savants, tels que Charcot, Grasset, Janet ou des spécialistes distingués comme Forel, Baudouin, P.-E. Lévy... Une étude poussée de la suggestion démontre que Lourdes ne peut occasionner que des phases passagères d'exaltation, sans influence profonde sur la santé ultérieure des pèlerins.

De tels accès d'exubérance, provoqués, sont à rapprocher de l'ivresse due aux toxiques et, aussi, de l'extase, du « ravissement », de la « béatitude » des grands mystiques, états qui, chez eux, sont le plus souvent spontanés, par suite d'une infirmité constitutionnelle de leur cénesthésie, c'est-à-dire de la façon dont retentit psychiquement le fonctionnement de leur système nerveux central. Et si maintenant nous élargissons le débat, souvenons-nous qu'au début du siècle dernier, Dieu était déjà tenu par Laplace pour une *hypothèse inutile*, et l'illustre physicien n'avait alors en vue que l'étude du monde matériel. Nous pouvons aujourd'hui aller plus loin, en tenant compte des données acquises récemment par les sciences morales : il résulte des travaux de psychologie religieuse, notamment de ceux de l'Américain James-H. Leuba, que les crises extatiques sont attribuées faussement, par les mystiques, à une intervention directe de la divinité. Et, comme la certitude intime, qu'ont de Dieu certains « élus », est complètement illusoire, parce que due à une hypertrophie de certaines fonctions de la vie animale, on peut affirmer que *Dieu n'est plus qu'une erreur de diagnostic en médecine mentale.* La croyance au surnaturel s'est constamment mise en travers des progrès intellectuels de l'humanité. En particulier, Lourdes doit être considéré comme une faute de technique médicale, incapable de produire aucune résultat intéressant ; et je ne doute pas qu'un gouvernement avisé n'ordonne un jour prochain la fermeture d'un établissement qui ne peut compter, comme titres de gloire, que la promiscuité, la menace de contagion et de contamination, les fatigues et la déplorable hygiène imposées, par une réclame fallacieuse, à la crédulité d'infortunés moribonds.

Marcel BOLL (1).

***

**JULIEN JENGER.**

*L'Idée Libre* a eu une excellente idée en ouvrant cette enquête. On ne combat pas assez la formidable escroquerie de Lourdes, qui est devenue l'un des moyens d'action les plus efficaces des catholiques.

Nous avons tout à gagner à faire la lumière sur cette entreprise, car l'Eglise spécule sur l'ignorance des masses pour s'en faire un moyen de propagande, en même temps qu'une source de gros profits

Tout d'abord, montrons combien est grand le nombre des crédules qui se laissent embrigader par les exploiteurs du miracle. En 1922, on a compté plus d'un million de personnes venues à Lourdes ; ce chiffre s'est à peu près maintenu en 1923, il a légèrement fléchi en 1924. Le 50e pèlerinage

---

(1) Professeur agrégé de l'Université, docteur ès-sciences, M. Marcel Boll a publié, il y a quelques années, en commun avec l'aliéniste F. Achille-Delmas, un ouvrage intitulé *La Personnalité humaine*, que le docteur Maurice de Fleury, membre de l'Académie de Médecine, considère comme la manifestation d'un « renouveau de la psychologie ». Si nous ne citons que pour mémoire les importants travaux de notre correspondant sur les sciences physiques, nous tenons néanmoins à mentionner ses études, parues soit en volumes, soit en articles, sur les diverses tendances de la philosophie contemporaine, le freudisme, la métapsychique, l'hypnotisme, la suggestion, la psychologie du mystique et de l'artiste. C'est dire combien nous sommes heureux de pouvoir publier son opinion.

national (1922) comportait 23 trains spéciaux amenant des pèlerins de toute la France. Le 8 septembre 1922, à la fête de la Vierge, 80.000 pèlerins étaient à Lourdes. Pour Pâques 1923, le pèlerinage des hommes de la région groupait 20.000 manifestants. Etc...

On comprend que le commerce soit favorisé par cette affluence. En 1922, il a été vendu 120.000 kgs de cierges, représentant environ 800.000 francs. Tel magasin d'objets de piété et de souvenirs, que je pourrai citer, fait une recette journalière de 50.000 francs. La publicité de ces magasins fait vivre la presse catholique. A fin août 1922, la Banque de France avait à encaisser 8 millions de francs chez les commerçants. Si l'on y ajoute les autres banques, on peut imaginer quel important chiffre d'affaires cela représente. Et l'on devine aisément que les commerçants, pas plus que les prêtres, ne tiennent à voir disparaître Lourdes.

Toute cette foule est attirée à Lourdes par l'appât du miracle.

Les catholiques prétendent que la science médicale est à l'apogée de ses découvertes (voir Dr Boissarie, *Lourdes Guérisons*). Cette science est humainement incapable d'aller plus loin. Elle ne peut, en particulier, avec les moyens dont elle dispose, guérir les malades qui sont guéris à Lourdes « miraculeusement » ; elle est même incapable d'expliquer ces guérisons, qui sont surnaturelles et dues à la grâce de la Vierge Marie ! !

Voyons les statistiques de ces prétendues guérisons. D'après les cléricaux, il vient à Lourdes environ 10.000 malades par an et le bureau des constatations médicales (feu Boissarie) enregistre au maximum 100 à 150 guérisons annuelles.

Bien entendu, les catholiques cherchent à diminuer le nombre des malades qui viennent à Lourdes, afin d'atténuer le mauvais effet produit par la petite quantité des guérisons. Ainsi, pour le National de 1922, les journaux indiquaient la présence de 1.200 malades à la procession du Saint-Sacrement ; or j'en ai compté le double environ.

Depuis 50 ans, nous dit *La Croix* (26-8-23) il y a eu 6.000 guérisons. Mais, sur ce nombre, combien sont retombés plus gravement atteints, combien sont morts après l'illusion d'une fausse guérison, combien de simulations et de truquages, combien de guérisons toutes naturelles et toutes simples qui auraient pu se produire ailleurs qu'à Lourdes ?

D'ailleurs, la foi baisse et *La Croix* le reconnaissait dans ce même article : « Les mourants se sont redressés moins nombreux sur le passage du Sauveur. Est-ce manque de foi ? de modestie ? de piété ? Où sont les jours où le P. Marie Antoine, le saint de Toulouse, suscitait à la suite six guérisons... »

Mais, alors, ce n'est plus la Vierge qui guérit ! C'est le Père Untel qui prêche sur l'esplanade et qui suggestionne la foule par ses exhortations, galvanise la volonté des malades vers la guérison tant désirée !

En tout cas, si nous comptons 10.000 malades par an, cela donne pour cinquante ans 500.000 malades et le chiffre de 6.000 guéris, même si nous l'acceptons tel qu'on nous le donne, paraît bien faible en comparaison. Il n'y a vraiment pas de quoi crier au miracle. Nous estimons au contraire que la Vierge ne se montre pas très généreuse à l'égard des milliers et des milliers de malades qui la supplient. Il lui serait pourtant si facile de les satisfaire ! !

Mais les catholiques sont adroits et ils organisent une publicité savante autour de leur Grotte, n'employant pas toujours des moyens très loyaux. Ainsi, en 1909, le Pr Carrel vint à Lourdes. On sait que Carrel est l'auteur de travaux célèbres sur la greffe des cellules vivantes, qu'il dirige à New-York l'Institut Rockefeller, etc... On le mit donc en présence de la guérison presque instantanée d'une assez large plaie. Le Pr Carrel parut surpris, mais ne se laissa pas démonter et il tint tête aux docteurs catholiques qui criaient au miracle et qui affirmaient que cette guérison ne pouvait être que l'œuvre de la Vierge !

Carrel constatait bien la fermeture de la plaie par la formation instantanée des cellules épithéliales (formation qui est d'ordinaire assez lente) mais il déclarait qu'il devait être possible d'expliquer ce processus d'une façon purement scientifique. Peut-être certains phénomènes non contrôlés s'étaient-ils produits ? Peut-être certains éléments tels que la lumière, l'eau, etc... étaient-ils entrés en jeu ? En véritable homme de science, Carrel estimait se trouver en face d'un cas à étudier, à approfondir et non en présence d'un miracle — ce qui ne fit pas l'affaire des catholiques, rendus furieux par cette loyale attitude du savant.

Eh bien, quelques jours après, le Dr Boissarie eut l'audace de publier dans *La Croix* un article dans lequel il déclarait faussement que le Profr Carrel avait reconnu l'authenticité des miracles de Lourdes ! Cet article déplut beaucoup à Carrel, qui ne voulait pas qu'on lui prête des idées aussi absurdes et qui voulut riposter à *La Croix* dans un grand quotidien de Paris. Malheureusement, un de ses confrères l'en dissuada et intervint d'une façon pressante pour empêcher une polémique qui aurait pu être préjudiciable à l'entreprise de Lourdes !

Mais après son départ, le Pr Carrel écrivit à son confrère une lettre, que j'ai eu entre les mains et dont je relève le passage suivant :

« Vous avez vu que j'ai gardé vis-à-vis de la presse un silence complet. Le vénérable Boissarie a éprouvé au contraire le besoin de parler dans *La Croix*. Vous avez pu voir qu'il n'a rien compris à mes idées et intentions et qu'il m'a prêté des opinions absurdes. Lourdes a vraiment en lui un dangereux défenseur. Tout cela, heureusement, a bien peu d'importance. Les hommes passent, les faits restent. Je suis extrêmement heureux d'avoir pu observer à Lourdes des choses très importantes. Je continuerai, en laissant dormir en paix les vieillards du Bureau Médical et leurs méthodes surannées... »

***

En ce qui concerne les guérisons de Lourdes, je crois inutile de rien ajouter aux réponses si savantes que l'*Idée Libre* a déjà publiées et qui montrent l'importance de la suggestion, des facteurs inconscients, etc...

Je me permettrai simplement de citer un fait, qu'il me paraît utile de rapprocher de la guérison étudiée par le Pr Carrel.

Lors d'une récente visite au Musée Océanographique de Monaco, mon attention a été en effet attirée par le bassin n° 5 du remarquable aquarium.

J'y ai relevé la notice suivante, concernant les réparations spontanées, dans le règne animal, des mutilations et amputations. Je crois intéresser les lecteurs en transcrivant cette notice, dont l'intérêt éducatif me paraît incontestable. Je pense que ce sera le meilleure conclusion que je pourrai donner au présent article :

« La moindre égratignure, la perte de quelques écailles, une plaie superficielle infectée par les microbes entraîne souvent la mort de l'animal ; à côté de cela, des grandes mutilations entraînant la perte des organes essentiels (cerveau par exemple) peuvent être entièrement réparées par l'animal. Les mutilations sont excessivement fréquentes dans tout le règne animal ; leurs origines sont infiniment variables : accidents, réflexes spontanés, sacrifice d'une partie du corps pour sauver le reste, procréation, etc... La forme et l'étendue des mutilations sont variables à l'infini sans que cela entraîne la mort des individus. Une plaie, la perte totale ou partielle d'un membre, la perte de la moitié ou parfois des 3/4 du tronc, tout cela peut se réparer plus ou moins parfaitement ou même se reconstituer entièrement dans des conditions favorables.

« Vers 1740, les savants Tremblay, Réaumur et Bonnet ont observé pour la première fois des phénomènes de mutilation et de réparation : chez les Vers, chez les Polypes et les Insectes ; presque en même temps Bernard de Jussieu a vérifié ces observations en y ajoutant des observations chez les Etoiles de Mer. Un savant italien, Spallanzani, à la même époque, a confirmé ses observations. Depuis 1880 jusqu'à nos jours plusieurs centaines de Savants du monde entier ont fait non seulement des observations mais surtout des expériences en mutilant des animaux pour étudier dans tous les détails les phénomènes de la réparation qu'ils ont appelé un peu à tort : la « régénération ». L'étude des phénomènes de mutilation et de réparation est de la plus haute importance pour nos connaissances de la vie. La faculté de réparer les dégâts est d'autant plus grande que l'animal est plus bas dans le système du règne animal. Chez les animaux, les jeunes réparent mieux que les vieux. La température, la nutrition, la lumière, certains excitants chimiques influent dans un sens ou dans l'autre sur la vitesse et l'étendue de la réparation (1). L'étude expérimentale de tous les phénomènes est tellement compliquée que jusqu'à présent aucune théorie n'a été capable d'expliquer d'une façon satisfaisante tous les faits constatés (2). Chez les Vers, la faculté de réparation est prodigieuse.

« Certains vers coupés transversalement en plusieurs morceaux donnent après réparation autant d'individus complets reconstitués. Les crustacés et insectes (crevettes, homards, etc.) récupèrent facilement les membres perdus. Les Etoiles de Mer récupèrent facilement des mutilations étendues. Chez les Vertébrés, cette faculté est moins grande, toutefois les poissons réparent les mutilations des nageoires, des mâchoires ; les Tritons, les Lézards réparent les mutilations de la queue et des extrémités. La Grenouille répare les mutilations des parties essentielles de l'œil. A côté des réparations normales reconstituant les parties du corps enlevées, on constate de véritables non-sens de la réparation. A la place d'un œil enlevé à un Crabe, c'est une antenne qui repousse, à la place d'une tête enlevée à un ver, c'est une queue qui repousse ou vice-versa. On peut voir ainsi un animal à deux queues sans tête et à deux têtes sans queue. On voit donc qu'en général, les réparations, les mutilations sont utiles à l'organisme, mais que parfois elles sont nuisibles (3). »

Julien JENGER,

*Secrétaire général de la Fédération des Libres Penseurs de France et des Colonies.*

---

(1) On peut remarquer que les mêmes éléments sont invoqués pour les réparations des animaux que par le Pr Carrel pour expliquer les guérisons de Lourdes.

(2) Tout comme l'a fait le Pr Carrel, on fait remarquer ici l'impuissance actuelle de la Science devant ces phénomènes obscurs. Ce qui n'implique pas pour cela le « surnaturel » dans les phénomènes de réparation chez les animaux, pas plus que dans les phénomènes de guérison chez les hommes !

(3) Dans l'ensemble de ce texte, on peut voir de nombreuses analogies avec les faits de Lourdes, avec cette différence que la réparation est consciente chez l'homme et inconsciente chez l'animal, ce qui explique sans doute les non-sens de la réparation chez ceux-ci.

***

**PASTEUR SEGOND.**

Monsieur,

Votre question, pour la clarté du débat, peut être formulée de la façon suivante : « Que pensez-vous des *guérisons de Lourdes ?* Sont-elles authentiques, oui ou non ? ». Ainsi nettement circonscrite la question ne peut comporter de ma part qu'une seule réponse : « Je ne suis pas compétent pour intervenir dans un débat qui regarde les personnes guéries ou non, les médecins et autres hommes de science positive. A eux de contrôler les faits et de prononcer ».

Si vous élargissez la question en me demandant : « Pensez-vous que des guérisons soient possibles par l'intervention d'un facteur purement spirituel ou moral ? » Sans l'ombre d'une hésitation je vous réponds : « Certainement. » Ce fait est de plus en plus reconnu, étudié et mis en œuvre par la médecine moderne. Il est la démonstration, déconcertante pour les seuls matérialistes, que l'homme n'est pas sensible aux seuls facteurs physiques.

Mais une autre face du problème apparait alors, vraisemblablement celle qui vous intéresse le plus et qui a inspiré votre enquête. Si certaines guérisons de Lourdes sont authentiques, l'Eglise romaine est-elle justifiée à les invoquer pour se prétendre divine et réclamer de ce fait la domination sur les esprits et les corps ? Autrement dit, les guérisons de Lourdes peuvent-elles avoir une valeur apologétique ?

Je réponds énergiquement : « Non. » Et cela pour les deux raisons péremptoires suivantes :

1° Si des guérisons obtenues à Lourdes ou ailleurs par l'intervention de tels ou tels saints ou saintes pouvaient prouver la divinité, légitimer les prétentions à la divinité d'une société humaine, alors il n'y a pas que l'Eglise romaine qui puisse y prétendre. Il lui faut partager cette divinité avec les Scientistes, les Antoinistes de Jemmeppe, les Fraternistes de Douai, les fakirs des Indes, les sorciers d'Afrique et autres lieux et même avec des savants incrédules opérant des guérisons par la « mind-cure ». Quelle société compromettante pour une Eglise infaillible !

Il ne suffit pas de prétendre : Mes guérisons à moi sont obtenues par la puissance divine, celles des autres par la puissance diabolique ; il faudrait en administrer la preuve, ce qui est plutôt malaisé puisque nous l'attendons encore. En outre, qu'est-ce qui prouve que le reproche ne peut pas être retourné et les guérisons de l'Eglise romaine attribuées à leur tour à une intervention satanique ? Les adversaires du Christ lui ont jeté à la face qu'il ne « chassait les démons que par Béelzebut, le prince des démons ». On voit tout le danger d'un argument pareil.

2° Le Christ s'est toujours refusé à faire dépendre la foi en la divinité de sa mission des guérisons qu'il opérait. Il reproche au contraire à ses contemporains de ne croire que s'ils voient des miracles et des prodiges et de n'être pas sensibles aux seules valeurs spirituelles. Voici les paroles que l'évangéliste Luc met dans sa bouche :

« Cette génération est une génération méchante ; elle « demande un miracle ; il ne lui sera donné d'autre miracle « que celui de Jonas. Car de même que Jonas fut un signe « pour les Ninivites, de même le Fils de l'homme en sera « un pour cette génération. La reine du Midi se lèvera, au « jour du jugement, avec les hommes de cette génération et « les condamnera, parce qu'elle vint des extrémités de la « terre pour entendre la sagesse de Salomon ; et voici, il y « a ici plus que Salomon. Les hommes de Ninive se lèveront « au jour du jugement avec cette génération et la condam- « neront, parce qu'ils se repentirent à la prédication de « Jonas ; et voici, il y a ici plus que Jonas. »

Le sens de ces paroles est bien clair : la reine du Midi comme les Ninivites de Jonas sont supérieurs aux contemporains du Christ parce qu'ils ont discerné la valeur d'une personne et la divinité d'un message sans le secours de manifestations extraordinaires. Il est singulièrement grave pour une Eglise qui se réclame du Christ d'être en désaccord avec lui sur un point aussi essentiel.

Chrétien, je ne puis accepter une identification quelconque du divin avec le merveilleux qui n'est que l'inexpliqué. La religion en esprit et en vérité du Christ des évangiles n'a rien de commun avec cette exploitation de la superstition, autrement dit de l'ignorance et de la bêtise humaines.

Recevez, Monsieur, mes bonnes salutations.

A. SEGOND, pasteur.

***

**Dr FELIX.**

1° Il y a des « faits de Lourdes » et non des « miracles ».

2° Les faits purement psychiques (paralysies, paraplégies, aphonies, cécités hystériques ou pithiatiques — ce dernier terme beaucoup plus compréhensif), guéris aussi bien à Lourdes qu'à la Salpêtrière ou dans le cabinet d'un médecin, ces faits ne rentrent pas dans le domaine du miracle.

3° Les faits de guérisons de troubles organiques : maux de Pott, lupus de la joue, plaies cancéreuses ou dénommées telles, pseudarthrose de Pierre Rudder avec radiographie à l'appui, s'expliquent tout à fait par des erreurs de diagnostic du médecin ou du « bourrage de crâne » inconscient de la part du malade. Ils seraient miraculeux s'ils étaient vrais. Un étudiant instruit, dès sa quatrième année de médecine, s'il est observateur, a vu de tels faits et n'y voit rien de miraculeux.

4° Lourdes fait appel à la constatation des médecins. Mais

aucun médecin de valeur n'ira donner sa carte au Bureau des Constatations, qui en userait comme réclame.

Charcot, ni Babinski, son successeur, ne peuvent aller au Bureau des Constatations dirigé par des agents dont la foi « inconsciente » ne permettrait, et de cela je suis sûr, aucune discussion. Il n'en resterait pas moins que Charcot ou Babinski, ou le Dr X..., auraient été à Lourdes, et de cela on ferait réclame. Avec la meilleure foi du monde, les médecins officiels du Bureau se trompent, parce que « *inconscients* ». (Ce terme au sens psychologique).

5° Pour les raisons ci-dessus, je n'ai jamais voulu m'approcher du Bureau, quoique humble et sans renom. N'étant plus depuis longtemps mystique et en connaissant un peu les causes, et surtout les manifestations, en médecin, je vois ce qui se passe à Lourdes. Ce sera ma personnelle :

*Conclusion.* — Exploitation commerciale du mysticisme latent des foules par les Pères de la Grotte, s'aidant de médecins convaincus, respectables, mais inconscients, d'une réclame excessivement bien faite, à la saison propice. Les résultats sont bons pour les quelques guéris, pour le commerce, les chemins de fer et les hôtels. Néfastes parce que, Lourdes entretenant l'esprit mystique, abrutit le peuple. Je suis partisan de la suppression lente de Lourdes.

Dr FELIX (de Toulouse).

***

**M. JULES CLARAZ.**

Mon cher ami Lorulot,

La question me paraît mal posée. Il ne s'agit pas de « miracles » (« le miracle » est un non sens, une impossibilité), mais uniquement, exclusivement, de *guérisons*.

Il y a des guérisons à Lourdes (et non des miracles). C'est un fait. Comment peut-on expliquer ces guérisons ? Telle est la seule question qui se pose.

Pour y répondre utilement, il faut être médecin et spécialiste. Tous les savants compétents sont du même avis que Charcot et ses continuateurs : C'est la *foi* qui sauve, la suggestion.

D'autre part, il est bien difficile de connaître et d'analyser tout le travail secret de la nature. C'est le mystère même de la vie qu'il nous faudrait pénétrer pour pouvoir expliquer certaines guérisons surprenantes. Or, nous ne connaissons pas encore toutes les lois de la nature... Comment, dans ces conditions, peut-on parler de « miracles » ?!

Jules CLARAZ (1).

---

(1) Ancien prêtre catholique (vicaire de Saint-Germain-l'Auxerrois, à Paris). Auteur de trois livres remarquables : *Le Mariage des Prêtres* ; *Le Confessionnal* ; *La Faillite des Religions*.

***

**P. VIGNE D'OCTON.**

Je suis, depuis le début, et avec la plus grande attention, votre enquête. Après tout ce qui a été dit à ce sujet, je ne vois pas ce que je pourrais vous apporter d'intéressant pour justifier mon incroyance absolue à tout surnaturel, en général, et à celui de Lourdes en particulier. Peut-être y a-t-il quelque utilité à rappeler en cette circonstance que Charcot a porté un coup mortel à la thaumaturgie du célèbre sanctuaire, au cours de ses cliniques de la Salpêtrière. Sa démonstration fut décisive en ce qui concerne les plus nombreuses de ces prétendues guérisons (maladies dont l'origine nerveuse est incontestable, contractures, parésies, paralysies, aphasies, etc., etc., que l'on réunit aujourd'hui sous le nom de pithiatisme).

Nombreuses furent les guérisons qu'il effectua devant un public d'élite, avec des moyens analogues à ceux qu'on emploie à Lourdes et qui ont pour base la suggestion et l'auto-suggestion sous toutes ses formes.

Sans doute, depuis la disparition du grand neurologiste, une certaine réaction s'est produite à l'encontre de plusieurs de ses découvertes, touchant la grande hystérie surtout.

Il est certain que Charcot et ses disciples, Bressaud, Bourneville, Gilles de la Tourette, etc., ont pu être trompés quelquefois par la malice, morbide elle aussi, de leurs malades. Ils ont pu prendre, par exemple, pour un effet direct de la suggestion ces stigmates représentant les plaies du Christ, véritables phlyctènes provenant de brûlures, que s'infligeait telle hystérique désireuse de se faire valoir en mentant et en trompant.

Mais, comme l'ont fait remarquer plusieurs savants, dans les discours prononcés à l'occasion récente des fêtes, les faits essentiels subsistent : Charcot a réellement annexé à la science positive tout ce domaine de la suggestion et de l'hypnose qui appartenait encore à l'occultisme, et élucidé le mécanisme de maintes guérisons miraculeuses, dont Lourdes paraît s'être approprié le monopole.

Cela n'empêche pas que les partisans acharnés du sanctuaire, et, avec eux, tous les obscurantistes, ont profité de ces retouches imposées par des observations et des expériences nouvelles, pour crier à la faillite complète de l'œuvre de Charcot, en ce qui concerne l'hystérie.

On n'a d'ailleurs pas oublié les colères soulevées dans le monde clérical, au moment où, dans ses leçons du mardi, il tirait les conséquences relatives aux prétendus miracles de Lourdes.

Si je ne craignais d'être trop long et de sortir un peu du sujet de cette enquête, je raconterai ici, à ce propos, une anecdote où je fus témoin et qui met bien en relief la mentalité des cléricaux de cette époque. Je l'extrais de *Mes Souvenirs*, auxquels je travaille :

Je suivais à ce moment la clinique de Charcot, comme auditeur libre. Un mardi matin, alors que le Maître n'était pas encore arrivé, on fit circuler le *Figaro* de ce jour-là. Il contenait contre Charcot un article encore plus bête que méchant. Ce factum, signé « Ignotus », était écrit dans une sorte de charabia composé de phrases elliptiques, hachées menues, sortes de tronçons informes, entremêlées de nombreux points d'exclamation qui apparaissaient là comme des glaives minuscules enfoncés sans pitié dans le cœur de la grammaire et de la syntaxe. C'était le style d'« Ignotus », dont se réjouissait une fois par semaine la capitale.

Ce matin-là, son *papier* contre le Maître était comme la quintessence de cet effarant charabia. On y comptait en 120 lignes quinze fois le mot « cabotin », suivi chaque fois de quatre points d'exclamation.

L'injure supposée faite à Notre-Dame-de-Lourdes par l'enseignement de l'illustre neurologiste était relevée d'une façon qu'un gros effort de mémoire me permet de reproduire ci-après :

— ...Je dis au cabotin de la Salpêtrière : « Qu'est une béquille ? Dieu !! Un morceau de bois !! Que dis-je ? Un signe attristant de décrépitude !!! Regardez-la au mur du grand sanctuaire !!! Rayonnante comme un soleil, ô cabotin !! Eblouissante comme un ostensoir !! Symbole de guérison !!! Joie !! Allégresse !!! la créature guérie !!! Devant le soleil, l'aigle des monts altiers cligne les yeux !!! Regardez le soleil en face, l'aigle le peut !! La gloire de Marie, jamais !!! O gloire de l'Immaculée !!! *Stella matutina !! turris eburnea !!!* Pour te salir, que faut-il ? Un cabotin !!!...»

Tel était, forme et fond, le schéma à peu près fidèle de l'article qui circulait, ce matin-là, parmi l'auditoire de Charcot. Ceux d'entre nous déjà initiés à la vie parisienne se tordaient comme toujours en lisant de l' « Ignotus », et leur hilarité était encore plus vive car plus grande apparaissait la bêtise de cet imbécile attaquant le Maître et bavant sur son enseignement comme un paralytique méningiteux tombé dans le gâtisme final. Seuls les exotiques et les provinciaux, comme moi, s'indignaient en se passant le *Figaro*.

Toutefois, dès que la présence de Charcot fut signalée, nous vîmes Brissaud, son chef de clinique, s'emparer d'un geste vif du numéro en circulation et le fourrer dans la grande poche de son tablier. Le croyait-il donc capable d'en ressentir quelque émotion, au cas où tomberait sous ses yeux cette prose d'idiot ? Probablement, et plus d'un parmi nous, en le voyant palper ses malades d'une main nerveuse, les interroger d'une voix quelque peu saccadée, écourter même l'examen, toutes choses qui contrastaient avec son calme habituel, et sa coutumière lenteur, pensa que, sûrement, il l'avait lu. Nous l'apprîmes, d'ailleurs, le mardi suivant par Brissaud, lequel nous confia que le Maître avait passé la semaine à maudire cet « Ignotus » et à pester contre Magnard, le directeur du *Figaro*.

Et il ajoutait avec un pitoyable sourire :

— « Cela lui a fait l'effet d'une forte poignée de gratte.. dans sa flanelle ou dans son lit. »

Orgueil et simplicité tout à la fois d'un grand esprit.

On peut mesurer, dis-je en finissant, la pauvreté lamentable des arguments que l'obscurantisme opposa de tout temps aux démonstrations lumineuses de Charcot et de ses disciples, relatives à Lourdes et à ses miraculeuses guérisons.

P. VIGNE D'OCTON (1).

⁂

**DOCTEUR VIARD.**

Monsieur.

C'est très volontiers que je vous donne mon opinion sur les « guérisons miraculeuses de Lourdes » :

« Les guérisons, dites « miraculeuses », constatées à Lourdes, « donnent la preuve la plus indiscutable que la pensée et « les sentiments, bien dirigés, agissent puissamment sur les « organes malades, déterminent des guérisons, ou tout au « moins une amélioration qui peut donner l'illusion de la « guérison.

Dr VIARD,

*Médecin-Directeur de l'Institut de Psycho-Physique Appliquée*

⁂

**M. LOUIS GASTIN.**

Le problème des guérisons miraculeuses pose, tout d'abord, une question de principe : Qu'est-ce qu'un *miracle ?*

Si l'on entend par *miracle* un fait contraire à toute loi naturelle, il doit être réputé impossible par quiconque admet l'harmonie universelle, basée sur la mise en jeu de lois stables dont nous ne connaissons qu'une très faible partie. Il convient, toutefois, de spécifier que la « Nature » n'est pas limitée

(1) Nos lecteurs connaissent VIGNE D'OCTON : Médecin et homme politique, savant courageux, pamphlétaire d'avant-garde, il a consacré sa vie entière à la lutte contre les iniquités. Son œuvre (plus de 30 volumes) est trop importante pour que nous puissions la mentionner ici. Nous avons déjà étudié cette œuvre, du reste, en plusieurs circonstances.

aux seuls phénomènes physico-chimiques, aux seules forces et aux seules lois mécaniques, mais comprend, *au-delà* de ces faits, de ces forces et de ces lois, des phénomènes, des forces et des lois d'ordre moral et d'ordre spirituel. C'est, du moins, l'interprétation que j'admets, avec la majorité des spiritualistes libres, en opposant à Dieu (principe premier, absolu, incognoscible) le Cosmos (manifestation créationnelle, essentiellement relative et sensoriellement ou intellectuellement connue).

Si, par contre, on entend par miracle un phénomène « merveilleux » et incompréhensible en ce qu'il ne peut être expliqué par aucune des données acquises de la science, le miracle doit être admis en principe par quiconque reconnaît la relativité des connaissances humaines et leur limitation à l'égard des réalités universelles.

C'est avec cette dernière acception seulement que je puis examiner la valeur des guérisons dites miraculeuses, que ces guérisons soient obtenues à Lourdes ou ailleurs, dans les milieux religieux, ou qu'elles soient le fait des ordinaires « guérisseurs ». Tout problème doit être considéré, d'abord, de haut, en thèse générale, avant qu'en soient étudiées les applications particulières.

Or, pour extraordinaire et merveilleux que puisse être un phénomène miraculeux, d'ordre curatif ou de tout autre ordre, je ne pense pas qu'il soit scientifique d'en nier la réalité pour le seul motif qu'il est ou plutôt paraît contradictoire de ce que la science contemporaine admet et explique.

Il suffit de se placer, par la pensée, dans l'état d'âme d'un savant d'hier, et de considérer, de ce point de vue, les « miracles » de la science d'aujourd'hui, pour se rendre compte de notre réelle position à l'égard des découvertes scientifiques de demain. Je ne veux pas encombrer vos colonnes hospitalières de faits démonstratifs de cet ordre, qui sont amplement connus et maintes fois rappelés.

La thèse générale étant exposée de mon point de vue, comment se pose le problème particulier sur lequel vous voulez bien demander mon avis ?

En fait, il faut distinguer dans les « guérisons miraculouses », deux catégories : celle des cas pathologiques mal expliqués et considérés comme incurables par suite d'une erreur d'appréciation touchant leurs causes et leur processus, — de telle sorte que les médecins croient pouvoir en expliquer *a posteriori* la guérison d'après des théories scientifiquement admises (auto-suggestion ou suggestion, réaction physiologique inattendue, etc...) ; celle des cas pathologiques positivement *connus* dans leur nature essentielle et dans leur développement et pour lesquels le pronostic médical d'incurabilité pouvait être considéré comme absolument certain, hors de contestation. C'est dans ce dernier cas seulement que la guérison inespérée prend le caractère « miraculeux » qui nous intéresse ici et auquel on ne peut échapper que par l'attitude antiscientifique et même déloyale de la négation pure et simple des faits.

D'une manière générale, l'explication de ces faits se trouve, pourtant, dans l'interprétation que je donne plus haut du « miracle », c'est-à-dire dans l'incontestable existence, au-delà de nos connaissances actuelles, de forces et de lois totalement insoupçonnées, mais tout aussi naturelles que celles dont la science a percé le mystère.

Plus particulièrement, je professe que, si la science mécanistique est arrivée à un très haut degré de puissance et de clarté, il nous reste à défricher des champs immenses dans le double domaine des connaissances morales et psychologiques, actuellement précaires et d'un empirisme qui confine à la pure ignorance.

C'est dans ce double domaine que l'on trouvera certainement l'explication des « miracles » de Lourdes et de beaucoup d'autres encore.

A titre purement documentaire, voici l'explication que j'avance dans cette matière, à titre d'hypothèse si vous le voulez :

Partant de ce principe scientifique que toute cause génère ses effets, en fonction de sa nature comme du milieu dans lequel elle agit, je pense tout d'abord que nos actes (et même nos pensées) engendrent de multiples conséquences qui se répercutent dans les trois plans de la manifestation humaine : le plan physique, le plan moral et le plan spirituel.

Inversement, j'admets qu'un phénomène physique, comme une maladie organique, peut connaître, au-delà des causes directes, visibles, sensibles, reconnues par le médecin, des causes profondes et impondérables, dont les premières ne sont que les effets immédiats.

Loin d'être l'effet incohérent, la rencontre fortuite d'éléments aveugles du mécanisme biologique universel, ces causes profondes sont, elles-mêmes, effets d'actes initiaux et manifestent, en même temps que la rigueur de la loi de causalité, la justice de l'universelle loi d'évolution.

Nous sommes ici dans le domaine supra-physique (je ne dis pas « surnaturel ») des lois et des forces morales ou, peut-être, des lois et des forces spirituelles gouvernantes.

Et les maladies dont la cause profonde réside dans ce domaine transcendant ne peuvent pas être réduites par des actions purement physico-chimiques ; il leur faut des remèdes du même ordre moral et spirituel et, ces remèdes, c'est l'exaltation des vertus morales et des forces spirituelles, c'est-à-dire, en un seul mot : la Foi, qui les procure.

Une objection se dresse : pourquoi les guérisons miraculeuses sont-elles si rares et pourquoi tant de malades, dont la Foi paraît certaine, reviennent-ils déçus de leur voyage à Lourdes ou de leur visite au thaumaturge ?

Là, comme ailleurs, chaque cas est, évidemment, un cas particulier et notre prétention, dans notre ignorance, ne peut aller plus loin que l'explication générale du fait considéré dans son principe et non dans ses modalités.

On peut dire cependant que la FOI véritable, génératrice de miracles, est excessivement plus rare qu'on ne le suppose ; on la confond aisément avec la Croyance, simple adhésion de la pensée et, trop souvent, abdication de la Raison par ignorance ou par peur. La Foi n'est pas cela : elle est la sublime aspiration de l'Esprit humain s'élevant jusqu'aux cimes d'un Idéal que, déjà, l'on s'efforce à vivre le mieux possible sur terre. La Foi vraie suppose la conformité de la vie à l'idéal, quel qu'il soit ; la Croyance n'implique que la soumission intellectuelle.

Considérée comme telle, la Foi est vraiment une Force et ses effets et ses réactions peuvent influer puissamment sur les éléments psycho-moraux de notre être et, de là, sur notre organisme même.

Si l'on obtient parfois, grâce à l'intensité exceptionnelle d'une Foi exaltée... et vécue (ou pour toute autre raison encore obscure), la répercussion immédiate dans le plan physique de la guérison spirituelle obtenue (ce qui fait immédiatement disparaître, avec sa cause, la maladie ou l'infirmité physique), ce n'est là qu'une manifestation accidentelle et malheureusement rare de la puissance des forces gouvernantes mises en action.

La « guérison miraculeuse » — que j'appelle plus exactement « spirituelle » à cause de son processus — met en action les forces morales et non les moyens physiques de la thérapeutique ; elle s'exerce directement sur les « causes morales » du Mal et non sur les manifestations organiques qui n'en sont que la conséquence.

Tel malade, pour lequel les médecins et guérisseurs ordinaires ont dû reconnaître leur impuissance, ne doit son incurabilité qu'à la présence, dans son atmosphère morale, d'une « racine » empoisonnée qui ne peut être atteinte par les thérapeutiques ordinaires.

La théurgie passe ; la guérison spirituelle s'accomplit ; la « racine » est détruite et, cependant, *en apparence, rien n'est changé* !

C'est que la destruction d'un foyer d'infection n'entraîne pas obligatoirement ni tout de suite la guérison des troubles de toutes catégories que ce foyer avait créés et entretenait.

Mais — et ce serait là une vérification utile à faire par voie d'enquête — il est possible, le foyer d'infection détruit, si le malade revoit, après le théurge, le médecin (ou le guérisseur ordinaire), que tout change, se transforme, *comme par miracle*, et que cette guérison, vainement poursuivie avant l'intervention spirituelle, se réalise après elle par les mêmes moyens qui furent, tout d'abord, impuissants.

C'est pour cela que je considère que le « guérisseur spirituel », s'il reste dans son domaine strict, ne fait pas concurrence au médecin : à chacun son rôle : au premier, la destruction des « foyers d'infection » d'ordre moral ou spirituel ; au second, la guérison des conséquences organiques de cette cause transcendantale.

Et quand, par exception, l'intervention du premier rend « *miraculeusement* » inutile celle du second, enregistrons ce fait exceptionnel comme le simple témoignage de l'immense chemin que nous avons encore à parcourir pour connaître une partie des forces qui nous entourent... et nous dirigent.

Louis GASTIN.

*Directeur de l'Institut de Psycho-Physique Appliquée.*

⁂

**M. COUE.**

Nous avions tenu à connaître l'opinion de M. Coué, le célèbre *guérisseur* (de Nancy), qui fit tant parler de lui il y a deux ou trois ans. M. R. de Brabois, son secrétaire, nous a répondu ceci :

*Au sujet de la question que vous posez, je tiens à vous dire que nous ne sommes pas qualifiés pour y répondre...*

René de BRABOIS.

Cette réponse est pleine de prudence. M. Coué, par ses pratiques de suggestion, n'est pas resté ignorant de la vérité, mais il ne tient pas à s'aliéner les sympathies de la gent cléricale, si puissante à Nancy. Nous regrettons sincèrement qu'il se soit dérobé.

Le mécanisme des guérisons a, du reste, été exposé de main de maître par le Dr Vachet, dans **la Volonté.** M. Vachet a consacré une série d'articles au guérisseur **Béziat,** d'Avignonnet, qui, par ses cures sensationnelles, fait une sérieuse concurrence à l'officine de Lourdes !

⁂

**Gaston DANVILLE.**

S'il faut entendre par « guérisons miraculeuses », des guérisons en contradiction avec les lois naturelles, on peut affirmer qu'on n'en trouve pas dans les cas relevés à Lourdes. Il faudrait pour cela qu'on y ait enregistré des phénomènes tels que la renaissance d'un membre amputé, la restauration d'un globe oculaire détruit, la transformation d'un vieillard gâteux en un sujet adulte et sain, etc...

Ce qui prête un caractère pseudo-miraculeux à certaines cures, c'est que beaucoup attribuent à la science médicale un degré d'avancement auquel elle est loin d'être parvenue. Il faut ici rappeler qu'elle n'a pas atteint la précision des sciences mathématiques, par exemple. Ses lois ne sont pas toutes définies avec une rigueur absolue. Il en résulte, outre la fréquence des erreurs de diagnostic, qu'un pronostic, même affirmé par une ou plusieurs compétences, ne possède pas la valeur d'un calcul exact. On l'oublie trop. Aussi, une réussite obtenue, après l'échec de traitements ordonnés par des spécialistes, prend facilement l'apparence d'un fait surnaturel, parce qu'elle semble transgresser des lois établies.

En réalité, on constate ailleurs qu'à Lourdes des retours à la santé non moins imprévus. Ils ne violent pas davantage les lois naturelles, ainsi que nous avons essayé de le montrer dans deux études récentes (G. Danville : *Le droit de tuer*, Mercure de France, 15 mars 1925, et *Le Mystère Psychique*, 1 vol. in-16. Alcan).

Gaston DANVILLE.

***

**Gabriel GOBRON.**

Les guérisons de Lourdes existent : elles relèvent, non pas du *surnaturel* (Dieu ne fait pas d'entorse aux lois harmoniques du monde), mais du *naturel inconnu*. Coué à Nancy, Béziat à Avignonnet, pour ne citer que ces deux géants parmi d'autres guérisseurs, réalisent des prodiges qui doivent indigner Notre-Dame-de-Lourdes. J'ai été personnellement guéri un jour d'un état très grave par un verre d'eau claire qui m'avait été apprêté comme une drogue magique. Ce qui prouve tout uniment que le monde des possibilités *naturelles* est immense. Celui qui dissimule son ignorance dans le mot : miracle, est un crétin qui se dupe lui-même. Il n'y a pas de miracles. Il y a des cures psychiques.

Lourdes, comme La Mecque, donne la nausée : c'est un commerce et une industrie. Les constatations de guérisons par des médecins *catholiques* n'ont pas suffisamment de rigueur scientifique. Enfin le voyage de Lourdes cause tous les ans des morts innombrables par suite des fatigues qu'il impose, et de la désespérance qu'il donne à ceux qui en reviennent plus mal des. Ce pèlerinage doit être mené sous la bannière de Satan, car c'est une bien mauvaise affaire (pour les malades).

Gabriel GOBRON (1).

(1) Professeur et homme de lettres.

***

**CHARLES-AUGUSTE BONTEMPS.**

Le curieux de votre enquête, c'est qu'elle puisse être faite dans ce vingtième siècle scientifique, et dont nous sommes si fiers. Ceci est bien pour incliner vers un peu de modestie les tenants d'une civilisation fort rudimentaire, qui ne sait s'imposer que violemment aux « barbares », jusque-là ignorants des beautés de la balistique.

Voyez-vous, on ne peut un instant s'arrêter de combattre l'exploitation des faiblesses humaines. C'est un peu le labeur décevant de Sisyphe, mais il suffit que soient sauvés quelques hommes de bonne volonté pour justifier l'effort.

De ce point de vue, vous pouvez attaquer Lourdes et revenir à la charge, ce n'en est pas fini de l'attraction mondiale de cette source, véritable bouillon de culture de la bêtise, négation de ce premier degré de civilisation : l'hygiène.

Mais n'errons pas comme on l'a fait trop longtemps. Si le doute, le scepticisme vigilant sont les principes de l'évolution intelligente des hommes de pensée libre, la négation de parti-pris les rejette au sectarisme, aux modes grégaires de penser, donc à la sottise. Il est inhabile, et d'ailleurs faux, de nier les guérisons de Lourdes, tout autant que puéril de proclamer ses miracles. Il est plus simple de les expliquer.

En dehors du fait médical, et le dominant singulièrement, il y a la recherche, dans les pseudo-miracles, d'une démonstration par l'exemple de l'existence d'un Dieu déterminé. Bien que l'Eglise n'impose pas la foi dans le miracle, et c'est une de ses habiletés, elle la suggère, l'encourage, l'entretient. Là où la théologie, la rhétorique et même les menaces d'un au-delà échouent, les illusionnistes de la Grotte triomphent. Il faut, pour les battre en brèche, « débiner le truc ». Mon bon ami le Dr Pierre Vachet s'y est employé avec succès dans son livre récent : « *Lourdes et ses mystères* », où les militants de pensée libre trouveront des arguments plus efficients que la négation pure et simple.

***

Il y a des guérisons nombreuses à Lourdes. C'est un fait indiscuté en ce qui concerne les affections nerveuses. Les Pères de la Grotte ont compris le danger de cette constatation, expliquée par la médecine, et ils prétendent ne point faire état de ces cures. En fait, elles constituent le gros des guérisons, sont tenues pour miraculeuses par la foule, et cela d'autant plus que ces sortes de maladies empruntent souvent la forme d'affections organiques, les déterminent même. On constate également des guérisons de maladies nettement physiologiques. Il faudrait, ici, déborder le cadre de cet article et aussi de ma compétence. Disons seulement que beaucoup de ces guérisons sont superficielles et hâtent parfois l'issue vers la tombe. Précisons que, superficielles ou définitives, elles sont obtenues par le même procédé de suggestion collective et trouvent déjà, dans les recherches de la physio-psychiâtrie, une explication plausible qui sera demain une certitude. Car il ne faut jamais perdre de vue que tous ces faits se rattachent, comme les manifestations de notre sensibilité, de notre intelligence, etc... à ces phénomènes électro-magnétiques dont nous commençons seulement d'épeler les données.

Mais la preuve immédiate de l'illusion du miracle, si nous entendons par ce mot la manifestation, disons tangible, d'un Dieu personnel, prouvant la vérité d'une religion donnée, nous la trouvons dans l'existence de miracles antérieurs. Il n'est rien dans les procédés de Lourdes comme dans ses guérisons que n'aient pratiqué avec succès les fakirs de l'Inde, les thaumaturges de la Grèce antique (le temple d'Epidaure, Apollonius de Tyane), plus tard le diacre Pâris et tant d'autres, aujourd'hui Béziat. Si Jésus-Christ a existé, ce qui est loin d'être prouvé, sans doute ne fut-il lui-même qu'un thaumaturge.

⁂

J'étais cette année même à Lourdes. Les plus fortes impressions qui m'en soient restées, c'est d'abord un débordement de vénalité et de mercantilisme envahissant tout, vous étreignant de toutes parts, de la gare à la Grotte ; c'est aussi la décadence du catholicisme dans l'utilisation de l'art ; tout est laid, sans grandeur, sans « âme ». Mais le clergé a conservé le secret de la mise en scène, il a su s'incorporer les moyens modernes des music-halls à grand spectacle. Tout cela peut rebuter, écœurer l'homme de goût ; la foule est ébaubie. Et quand la procession organisée, dirigée, se déroule dans ce décor préparé, il suffit de la foi profonde et extasiée de quelques-uns, hauts mystiques ou cœurs naïfs, pour que, par mimétisme, cette foule réalise un spectacle émouvant, atteignant parfois à la grandeur. Et la suggestion agit, grâce à ces prières habilement déclamées par un maître de chœur, reprises aussitôt par la foule et cent fois répétées par chacun ; grâce à ces chants, toujours les mêmes, deux, trois au plus, dont le refrain incessant, obsédant, sur quelques notes simples, endort la pensée. C'est au point que, malgré ma volonté d'observation critique, malgré tout ce qui me choquait dans ce spectacle, je finissais par fredonner ces airs pour me délivrer de leur obsession. Concevez ce que doit être l'impression sur un malade, avide de croire, impatient de guérir.

***

Les défenseurs de Lourdes insistent sur le faible pourcentage de décès constatés pendant les pèlerinages. C'est un de leurs arguments les plus frappants. Il ne résiste pas à l'examen. Un pèlerinage ne dure jamais plus de quatre jours. Comment voulez-vous que les malades, pour la plupart en état d'être transportés, toutes leurs forces bandées dans la volonté de guérir, meurent en grand nombre ? Quand ils ont abandonné tout espoir — et c'est le cas de la plupart — ils sont déjà repartis.

On observe aussi combien peu, relativement, de maladies contagieuses sont contractées dans la promiscuité dégoûtante des piscines et des *bornes-fontaines* (car la source est industrialisée). La nature se charge de l'hygiène en dépit des Pères. Cette eau de montagne, prise à sa source, si elle réalise un bouillon de culture excellent pour la bêtise, ne réunit pas du tout les conditions de température propres à l'évolution des bacilles. C'est heureux. Ce n'est pas suffisant cependant. Les cas de contagion ne sont pas rares, mais, quand le mal se déclare, la victime est loin.

On méprise assez les méthodes scientifiques, à Lourdes, pour se garder d'opposer aux guérisons les aggravations et les décès. Une personne de Tarbes me contait comment, l'an dernier, elle vit escamoter, avec une maestria remarquable, un malade malencontreusement trépassé dans le bain ; le *Journal de la Grotte* ne fait point de publicité à ces négligeables avatars.

***

Ce témoignage m'amène à faire cette constatation : le miracle, s'il en est un, c'est l'incrédulité absolue des habitants de la région, Lourdes exceptée. Encore ai-je pu observer que les employés volants des hôtels, lorsqu'ils ne sont point interrogés dans l'exercice de leur croyance professionnelle, vous font volontiers leur profession de foi dans un éclat de rire.

Un autre miracle, c'est la foi de certains médecins. Lorsque l'on a vu comment est fait le « contrôle » des guérisons, sans aucune des garanties effectives que réclamerait un homme de science digne de ce nom, dont il s'entoure pour des recherches moins délicates que l'étude d'un organisme vivant, on s'étonnerait que des médecins puissent s'en satisfaire, si l'on ne savait, pour certains, que la foi est aveugle, pour d'autres qu'un diplôme n'a jamais été que la constatation de connaissances spéciales, sans indication de plus ou de moins, et non la preuve d'une vive intelligence, ni même d'un esprit scientifique.

Il reste enfin un troisième et dernier miracle : c'est que Dieu, ayant consenti à se révéler à nous par des actes et les voyant discutés par l'intelligence qu'il nous a départie, résiste à la tentation de nous convaincre par un geste indiscutable : nul n'a jamais vu, dans la collection de béquilles dont la Grotte se pare (?), l'apparence d'une jambe de bois ou d'un bras articulé. Il est pourtant, depuis 1914, de bons croyants en nombre qui furent mutilés avec tous les encouragements de l'Eglise, sous le signe de sainte Geneviève.

Mais peut-être Dieu a-t-il pensé, dans sa sagesse jamais en défaut, qu'une telle preuve ne pourrait nous suffire, puisque les écrevisses voient repousser leurs pinces arrachées.

Evidemment. Mais ce serait un signe si étonnant, dans l'état présent de l'animal humain, que nous pourrions être ébranlés. Il faut que l'Eglise exagère étrangement la mansuétude de Dieu pour qu'il refuse à notre bonne foi ce geste nécessaire pour notre rédemption.

Charles-Auguste BONTEMPS.

⁂

**Dr B. LIBER.**

Chère *Idée Libre*, tu publies nombre d'opinions sur « les guérisons miraculeuses de Lourdes » et je constate pour la millième fois que, quand il s'agit de guérisons et surtout de « miracles », même les plus grands maîtres sont capables de dire des bêtises. On a toujours cherché à « expliquer » les phénomènes attribués à Lourdes et à d'autres lieux semblables. Mais personne n'a essayé de faire des recherches profondes et complètement impartiales sur ces « phénomènes » mêmes. Même le docteur Vachet, dans son livre sur Lourdes, ne parle que des choses qu'il a apprises par d'autres. Aucun n'a suivi « les cas » ; aucun n'a pris *tous* les renseignements sur eux. Si l'on avait fait cela, on aurait vu qu'il n'y a rien à « expliquer », que des miracles *n'arrivent* ni à Lourdes, ni ailleurs, ce dont je me suis convaincu lors de mon passage par cette petite ville l'été dernier, lors des jours les plus glorieux et des processions les plus nombreuses de cette fabrique de « miracles ». Pourquoi admettre, sans les discuter, des faits racontés par des personnes intéressées ou par des gens qui sont guidés par leur croyance, qui n'ont pas l'habitude de penser scientifiquement et qui ne savent pas observer avec exactitude ? Pourquoi bâtir des théories avant de savoir avec certitude et sans nul doute si ces « faits » sont réellement des faits ?

Les « miraculés » ont-ils été vraiment malades ? Sont-ils vraiment guéris ? Restent-ils guéris ? Quelles sont les circonstances exactes de ces soi-disant guérisons dans chaque cas individuel ? Voilà des questions auxquelles il faut répondre avant de tirer des conclusions et de chercher des explications.

Et il faut exclure les cas du passé et ceux dont les témoignages ne peuvent être pris directement et de première main. Car dans ces choses-là la conviction d' « honnêteté » est insuffisante. Si le docteur Vachet ou le docteur Héricourt, par exemple, me disait qu'il a vu lui-même un « miracle » à Lourdes, cela m'intéresserait plus que ses explications de ce « miracle ». Mais, même alors, je douterais jusqu'à ce que j'aurais eu l'occasion de m'en convaincre par moi-même. Oui, je demande la plus grande sévérité.

Je suis en train de faire un voyage d'études dans les pays principaux de l'Europe et, à mon retour en France, d'où je m'embarquerai pour les Etats-Unis, où je demeure et travaille, j'espère aller voir ton rédacteur, ma chère *Idée Libre* et faire sa connaissance.

Dr B. LIBER (1).

⁂

**D[r] OSTY.**

Monsieur,

Ce que je pense des miracles de Lourdes ?... Si on entend par *miracle* la guérison d'un malade que les médecins n'ont pas guéri, Lourdes fait des miracles.

Comment je les explique ?...

Par l'existence en chacun de nous d'un psycho-dynamisme capable d'une puissante action rectificatrice sur les désordres physiologiques de l'organisme, mais qui, communément, s'emploie avec mollesse et lenteur à lutter contre la maladie, et parfois semble se désintéresser d'elle. Que survienne un stimulus qui le mette en activité, et l'on assiste au retour accéléré ou soudain du corps à son équilibre fonctionnel dit de santé.

L'homme se guérit devant tout ce qui a réputation de guérir : sanctuaires de toutes religions, statues, villes d'eaux, mer, montagne, thaumaturges, guérisseurs de tous genres, etc... J'y ajoute les professionnels autorisés de la guérison : les médecins

N'est-il pas, en effet, d'observation courante dans la pratique de la médecine, que le malade atteint d'affection lentement curable et à traitement non spécifique arrive tôt ou tard à rencontrer le médecin qui le guérit, sans que la thérapeutique y ait part ?

Toutes choses égales par ailleurs, le médecin intelligemment optimiste est celui qui guérit le plus. Celui pessimiste tend inconsciemment à éteindre le foyer de vie qu'il désire ranimer, c'est un danger public.

---

(1) Le Dr Liber est un des représentants les plus éminents du rationalisme aux Etats-Unis. Il est l'auteur d'ouvrages éducatifs de grande valeur et s'intéresse à tous les problèmes susceptibles d'améliorer et d'affranchir l'humanité (eugénisme, antialcoolisme, hygiène, etc.)

C'est à cette « vix curatrix », latente en l'homme et libérable, qu'est dû le pullulement, à Paris impressionnant, des illégaux de la médecine. Combien j'en ai vu de ces guérisseurs de toutes espèces et si bien convaincus de leurs pouvoirs qu'ils venaient demander, à moi médecin, des malades à guérir ! Leur ignorance, pour la plupart, était immense. Et quels fantaisistes !

L'un d'eux se détache dans ma mémoire. En dire quelques mots c'est donner une idée du pittoresque que peut atteindre la profession.

« La maladie, disait-il, est plus simple que les médecins le croient. Sa cause presque unique, je l'ai découverte : c'est la poussée des poils en dedans. Cela obstrue les veines, compromet la circulation, la nutrition, finalement la santé. La diversité des maladies ne réside pas dans la cause, laquelle est unique, elle est conditionnée par les circonstances et les tempéraments ». Fort de cette découverte, ce thérapeute avait un traitement simple : rendre aux poils leur orientation normale. Pour l'obtenir, deux instruments : une baignoire, un rasoir mécanique. A chaque séance, le malade immergé dans l'eau avait la peau soigneusement râclée !?...

Ce guérisseur illogique exerce dans un confortable petit hôtel d'un beau quartier de Paris. Il demande 50 francs d'honoraires par consultation et trouve beaucoup de clients qui ne sont pas des pauvres d'esprit. J'ai été mis au courant de la progression d'une de ces cures ; elle fut un succès qui lui valut d'autres malades et d'autres succès. Le guéri, homme de bonne intelligence, quand on lui disait, après guérison, qu'il s'était mi[illegible]ntre les mains d'un charlatan ou d'un fou, répondait : « C[illegible]latan ou fou si vous voulez, mais il m'a guéri ».

Quand [illegible] saura se servir, dans le but de guérir, des énergies intelligentes qui sont en nous, l'art de guérir n'aura peut-être plus besoin d'utiliser dans un empirisme aléatoire les modalités physiques et chimiques de l'énergie du dehors.

En attendant cet heureux temps, l'homme cherche inconsciemment autour de lui les stimulants disparates de sa propre vertu curative. Lourdes en est un.

Etant donné ce qu'est l'homme, si Lourdes ne guérissait pas, là serait le grand miracle.

Veuillez agréer, Monsieur, l'expression de mes sentiments distingués.

Dr E. OSTY (1).

***

**M. GRILLOT DE GIVRY.**

J'ai publié, il y a vingt-cinq ans, sur les miracles de Lourdes, un livre dont je n'aurais rien à retrancher aujour-

(1) Un des maîtres de la médecine intelligente et rationnelle, de la métapsychique scientifique..., et sérieuse.

d'hui, sauf du lyrisme, tribut payé au goût littéraire de l'époque.

L'explication des phénomènes de Lourdes — phénomènes qui ne sont pas nouveaux et qui n'appartiennent pas spécialement au catholicisme, car on en trouve de fréquents exemples dans l'antiquité — est rendue difficile par le sectarisme qu'on y a apporté de toutes parts.

Puisque c'est à la science, non à la religion, que l'on fait confiance désormais pour résoudre les problèmes qui passionnent l'esprit humain, il convient que la science écarte de son mieux les possibilités d'erreur.

Or, il est une tendance fâcheuse, chez les savants de toutes les époques, de vouloir tout expliquer avec les seules données scientifiques qu'ils possèdent, sans tenir compte des données nouvelles encore inconnues que leur apportera l'avenir, et qui renverseront peut-être tous leurs systèmes.

Je m'explique. Lorsque Macquer, par exemple, écrivait au XVIIIe siècle : « L'acide nitreux n'est autre chose que l'acide vitriolique lui-même combiné avec une certaine quantité de phlogistique par le moyen de la putréfaction », cet homme de science donnait, au nom de la science, une explication que le moindre débutant en chimie jugerait aujourd'hui ridicule. Si l'on avait présenté à Lavoisier ou à Humphrey Davy un morceau de radium, nul doute qu'ils eussent risqué une « explication », plutôt que de dire « la science n'est pas encore en état de donner une opinion valable sur ce corps. »

Car il faut distinguer, en matière scientifique, les phénomènes dont l'explication est définitivement trouvée, et sur lesquels tout le monde est d'accord, comme ceux de la pression atmosphérique ou de l'équilibre des liquides, par exemple ; puis ceux au sujet desquels les savants présentent deux ou plusieurs explications contradictoires, dont aucune n'est peut-être celle qui sera reconnue un jour comme étant la véritable.

Or les phénomènes de Lourdes me paraissent appartenir à cette seconde série. Ils offrent certaines difficultés qui ne pourront être résolues, à mon avis, qu'au moyen de connaissances que nous ne possédons pas encore et qui ne seront acquises qu'ultérieurement. Ce n'est pas faire injure à la science ni parler un langage anti-scientifique que d'émettre cette opinion, et je crains que ceux qui déclarent que tout est explicable et expliqué ne fassent preuve d'un peu trop de présomption.

L'auto-suggestion est l'explication à laquelle on peut ramener toutes celles qu'on donne actuellement des phénomènes de Lourdes. On sait en quoi elle consiste. Le malade, transporté par la foi, excité par la mise en scène religieuse, par l'exaltation et l'enthousiasme de la foule qui l'entoure, fait un effort de volonté qui détermine en lui une réaction nerveuse qu'aucun traitement n'était parvenu à provoquer et qui amène une guérison, tout au moins passagère.

Il est évident que cette explication, peut-être suffisante dans bien des cas, ne l'est pas pour tous. Certains malades, de leur propre aveu, sont allés à Lourdes sans la moindre foi religieuse et dans le scepticisme le plus complet relativement à la possibilité de leur guérison. Ils n'ont point prié, ils n'ont fait aucun effort de volonté, ni ressenti le moindre enthousiasme ou émotion à la vue de l'appareil religieux. Ils ont simplement cédé, par complaisance, aux sollicitations de leurs amis et de leur famille qui leur avaient fait entendre qu'ils ne risquaient pas grand'chose, et que si cela ne leur faisait pas de bien, cela ne leur ferait certainement pas de mal. Et la guérison soudaine est arrivée, à leur grand étonnement, et contrairement à leur attente. Il n'y a donc point eu alors d'auto-suggestion.

On répondra, comme on me l'a fait souvent, que si le malade n'avait pas la foi, ceux qui l'entouraient l'avaient, et que c'est la puissance de cette foi et de ces volontés réunies qui a produit, non plus par auto-suggestion, mais par suggestion étrangère, la réaction nécessaire pour produire la guérison.

L'explication est fort ingénieuse, mais malheureusement il faut avouer que nous ne connaissons rien de ce mystérieux mécanisme de translation qui permettrait à une foi et à une volonté étrangères d'opérer des effets dans le corps d'un autre individu. La chose n'est peut-être pas impossible, mais nous aurions, à ce sujet, tout à apprendre. Tant que le phénomène ne dépasse pas les facultés personnelles de l'individu, l'explication par auto-suggestion est admissible ; mais les transmissions d'individu à individu soulèvent des problèmes pour la solution desquels, ainsi qu'il a été dit plus haut, la science me paraît insuffisamment outillée.

Enfin, il est un point de vue remarquable auquel on n'a jamais prêté sérieusement attention.

Les phénomènes du genre de ceux de Lourdes, non point spéciaux à cette ville, se sont produits fréquemment dans l'antiquité ; et, chose curieuse, ils ont lieu invariablement dans des sites plutôt accidentés et offrant les particularités classiques d'une source, d'une caverne ou d'une forêt sombre. Dans l'antre de Trophonius, à la source oraculaire de Kolophcn, à la fontaine de Patras, au puits Kallichoros, sous les chênes de Dodone ou encore dans la piscine probatique de Jérusalem, se passaient des phénomènes miraculeux analogues à ceux de Lourdes. Les sanctuaires chrétiens miraculaires sont tous également pourvus de quelqu'un de ces éléments naturels et, de ceux-ci la source est le plus fréquenté. Il y a la fontaine de Cordoue, celle de Notre-Dame-du-Joyel d'Arras, celle de Bénite-Fontaine, etc., etc. Et cette condition est tellement nécessaire, à mon avis, qu'on peut en donner comme preuve l'existence d'un sanctuaire, au moins aussi réputé que celui de Lourdes, et qui ne produit pas de miracles. Paray-le-Monial est un lieu où se réunissent parfois 60.000 pèlerins venus de toutes les contrées du monde, qui chantent les mêmes cantiques qu'à Lourdes, crient les mêmes invocations, déploient le même effort d'enthousiasme et d'exaltation mystique, sans que jamais, de l'aveu même de tous les catholiques, se produise une seule guérison.

C'est que Paray-le-Monial est une petite ville de province, triste, où l'on ne découvre pas le moindre coin de nature vierge. Point de source, de rocher, de grotte, de montagne ni de forêt. Les exercices de dévotion ont lieu en pleine ville, dans une superbe basilique du XII^e siècle. Il y a bien le jardin des apparitions dans le monastère, mais le public n'y pénètre pas ; et d'ailleurs c'est un parc à la Le Nôtre, correct, peigné, tout en charmilles et en plates-bandes, où la Nature est travestie et n'a plus ce caractère vivant dont je viens de parler.

Il y a pourtant des guérisons à Paray-le-Monial. Mais elles ne se produisent pas à cet endroit même. Elles ont lieu à deux kilomètres de là, dans un petit sanctuaire très peu connu, Notre-Dame-de-Romay, *où nous retrouvons la source classique*, qui manque à Paray-le-Monial.

Il nous semble donc que c'est là que réside le mot de l'énigme que, sans doute, nous dévoilera pleinement l'avenir.

L'explication scientifique actuelle place uniquement dans l'individu l'origine et le processus entier du phénomène miraculeux. De l'explication donnée par les catholiques, il faut retenir l'intervention d'une puissance extérieure à l'individu.

Or, je crois inévitable que la science doive découvrir un jour, dans les lieux privilégiés tels que Lourdes, l'existence de certains courants telluriques non encore déterminés, caractérisés, ni connus, qui peuvent être mis en action sous l'influence de conditions particulières par des moyens mécaniques fournis par la nature elle-même, et agir sur les centres vitaux en produisant des effets qui ont étonné les hommes à travers les âges.

Il n'est plus possible de considérer l'homme, comme l'a fait jusqu'ici la science, comme un être isolé dans la nature, individuel, sans rapports avec ce qui l'entoure. Toutes choses sont connexes, et il est lié par des chaînons sans fin aux objets les plus éloignés, et reçoit, à son insu, des influences invisibles : il fait partie du Cosmos auquel il est rattaché comme par un ombilic. La puissance qui agit à Lourdes ne serait-elle pas ce fluide mystérieux et insaisissable qui fait qu'une cellule vivante se distingue nettement de la matière inorganique ou même organique non vivante, sans que nous sachions exactement pourquoi ? On pressent aujourd'hui entre l'atome, premier degré hypothétique de la matière, et l'Æther, notion renouvelée de la science de Pythagore et de Platon, toute une série de modalités dont la connaissance, mieux déterminée, nous conduira certainement à la possession du secret du grand problème de la Vie, cette Ame universelle, Vierge du Monde, *Koré kosmou*, comme l'appelle Hermès Trismégiste, qui circule dans tous les êtres animés, entretient leur existence, s'échappe quand il lui plaît, sans que nous sachions comment la fixer et la retenir.

De telle sorte que les chrétiens, usant de ce symbolisme un peu grossier très bien défini par Maxime de Tyr (*Dissertation VIII*, paragraphe 2) mais qui, au fond n'est pas sans exactitude, ont eu l'intuition d'une découverte dont ils n'ont sans doute pas mesuré la portée, mais qui leur donnera en définitive raison.

Le dernier mot sur les guérisons de Lourdes ne me semble pas encore dit. L'avenir seul nous éclairera à ce sujet.

GRILLOT DE GIVRY (1).

⁂

**Dr P.-E. LEVY.**

Que des guérisons se produisent à Lourdes, cela est incontestable. Qu'elles soient très fréquentes, je ne le crois guère. Qu'elles ne soient souvent que provisoires, et même, suivies de rechutes plus intenses, — étant provoquées, en effet, par une excitation cérébro-psychique, trop marquée, qui laisse, après elle, le système nerveux plus épuisé —, il y a tout lieu de le penser. Enfin, qu'elles constituent l'effet d'un *miracle*, c'est-à-dire d'une dérogation aux lois naturelles (voire même de l'intervention d'une personnalité divine) c'est là une idée à laquelle il ne paraît réellement pas nécessaire de s'arrêter.

Faut-il fermer Lourdes, comme le suggèrent quelques-uns ? Je ne le pense en aucune façon. Si Lourdes parvient à guérir certains malades, à entretenir chez beaucoup d'autres, qui, par aucun moyen, ne pourront trouver remède à leurs maux, quelque lueur d'espérance ou de consolation, c'est déjà un résultat qui, — humainement parlant —, ne peut être méprisé ni dédaigné. En nous plaçant d'ailleurs à un point de vue plus élevé, ne doit-on pas considérer que la religion, pour la plupart, n'est pas affaire surtout d'intelligence, mais de sentiment ? Si un bon nombre de nos frères en humanité y trouvent un appui et un réconfort, dans la traversée souvent malaisée de l'existence, pourquoi vouloir les leur enlever ? Seulement, ayons, nous aussi, comme je le disais dans l'enquête récente ouverte par l'*Idée Libre*, sur l'*Ame et l'Esprit*, notre religion, c'est-à-dire notre aspiration vers un idéal,

(1) Il est superflu de présenter à nos lecteurs l'auteur de ce beau livre *Le Christ et la Patrie*. Ecrivain indépendant, occultiste éclairé, penseur, historien, philosophe, Grillot de Givry est un laborieux, un courageux, un intègre.

déduite de la science elle-même. Et laissons, en y aidant de toutes nos forces au progrès, le temps de le réaliser.

Le vrai moyen de combattre la vogue de Lourdes, comme des autres endroits de même ordre, comme celle, encore, des « guérisseurs », si fort à la mode aujourd'hui, c'est de développer parmi les médecins, le goût et la connaissance de la thérapeutique morale ou psychique. Je vois, avec le plus profond regret, que certains de vos correspondants nient, — tout simplement ! — le droit d'existence à la psychothérapie.

En vérité ? ? Je ne suis pourtant pas dupe d'aucune illusion, quand je vois journellement, depuis quelque vingt-sept ans, les résultats, non pas surprenants, mais, au contraire, tout à fait naturels et aisés à expliquer, que l'on en peut obtenir, — en y adjoignant, évidemment, toujours le traitement physique, somatique, nécessaire. — En laissant de côté toute discussion métaphysique, parfaitement inutile, et m'en tenant aux faits, le psychisme, avec les idées, les sentiments, les émotions, les passions, etc., n'est-il pas une fonction qui a quelque importance dans notre être ? Et n'est-il pas étrange de penser que dans notre médecine classique, devenue trop exclusivement, la servante d'un matérialisme de mauvais aloi, — alors que toutes les autres fonctions sont minutieusement étudiées, scrutées, traitées —, on s'obstine à ne tenir presque aucun compte de cette fonction morale psychique, qui, — de même que la tête domine le reste du corps —, commande et régit en réalité toutes les autres ?

A vrai dire, ce qui a nui à la psychotérapie, ce sont les apparences singulières et brumeuses dont elle s'est longtemps enveloppée, avec l'hypnotisme ou la suggestion à allures plus ou moins thaumaturgiques. J'ai montré depuis longtemps que ces méthodes archaïques sont parfaitement inutiles et doivent être complètement abandonnées. La psychothérapie, telle que je l'ai établie, sous forme d'*éducation*, ou de *cure de direction* (1), n'a plus besoin d'aucun procédé. Elle se passe tout entière en conversations, explications, très simples, très familières, absolument analogues à des consultations ordinaires. Elle prend pour base l'analyse psychologique complète du malade, et aussi, la connaissance approfondie des rapports qui relient la fonction psychique avec les diverses fonctions organiques. Ainsi comprise et pratiquée, il n'est pas, — n'en déplaise aux contradicteurs —, de thérapeutique plus certaine, plus méthodique, plus scientifique. Or, l'expérience m'a montré que de cette psychothérapie relèvent la plupart des maladies chroniques fonctionnelles (autrement dit, sans lésion) névroses catégorisées, phénomènes douloureux de toutes sortes, dyspepsies, entérites, etc...

(1) Dr *PAUL-EMILE LEVY : Neurasthénie et Névroses*, leur guérison définitive en cure libre, 3e Edit. (Félix Alcan) et le *Traitement moral : De l'Autosuggestion à l'Education de la Volonté*, 4e Edit. (Hachette).

Tant que la médecine classique restera quasi-ignorante du rôle prééminent de l'élément moral, psychique, dans un très grand nombre de maladies, Lourdes et les guérisseurs, agissant par le mode psychothérapique le plus simple, le plus ancien aussi : la confiance, la foi, auront beau jeu. A mesure que cette connaissance s'étendra, que l'on comprendra que tant de malades n'échappent à la guérison, que parce qu'on n'a pas traité chez eux le psychisme, — premier anneau de la chaîne morbide —, leur importance et leur succès ne tarderont pas à décroître et à s'éteindre graduellement.

Dr Paul-Emile LEVY (de Paris)
(Ancien Interne des Hôpitaux).

***

**Dr Paul VOIVENEL.**

« Cher Monsieur,

« Je ne crois pas au miracle.

« Comme je n'ai pas eu l'occasion d'examiner un « miraculé » de Lourdes, je n'essaierai pas de vous donner une explication.

« On vous a d'ailleurs fourni déjà bien des affirmations, d'une part sur la puissance divine, d'autre part sur le rôle des émotions et celui de la suggestion.

« Ma littérature n'ajouterait rien à ce sujet.

« Bien entendu, je ne nie pas les guérisons. Un fait est une chose plus solide que le granit.

Dr Paul VOIVENEL (1).

***

**G. TRACOL.**

« Camarade Lorulot, je suis pleinement d'accord avec la plupart des correspondants qui vous ont répondu pour dire que les miracles de Lourdes ne peuvent être qu'apparents et non réels. Les lois naturelles ne peuvent être violées. S'il existait un Etre tout puissant et s'il possédait la prérogative de violer les lois naturelles à sa guise, lorsque cela lui plairait, il ne se bornerait pas à nous donner de similis-miracles comme ceux de Lourdes et des guérisons si imparfaites et si discutables. Pourquoi ces guérisons et ces miracles ne portent-ils toujours que sur certaines maladies ? Si Dieu voulait vraiment, par ces manifestations savamment exploitées par le clergé, frapper l'esprit de l'humanité, pourquoi ne donnerait-il pas des preuves plus tangibles, plus for-

(1) Littérateur et médecin de valeur spécialisé dans l'étude des Maladies nerveuses, auteur de plusieurs ouvrages remarqués : *La Maladie de l'Amour* ; *Rémy de Gourmont vu par son médecin*, etc.

melles ? Personne ne pourrait discuter et l'on serait bien obligé de s'incliner si l'on voyait, par exemple, un mutilé de la guerre, entré dans la piscine avec une jambe de bois, en ressortir avec une jambe en chair et en os. Cela ne coûterait pas plus cher à la puissance divine que les menues guérisons autour desquelles on fait tant de bruit.

« Mais vous pouvez être persuadé que nous n'assisterons jamais à une guérison aussi nette et aussi catégorique. La cause est donc entendue.

« Germain TRACOL

*de la Ligue d'Action Anticatholique.*

**A. DELPECH.**

Monsieur,

Voici ma réponse aux questions posées concernant les prétendus miracles de Lourdes.

Il n'y a jamais eu de guérison miraculeuse soit à Lourdes, soit ailleurs. Le miracle, fait surnaturel, contraire aux lois connues de la nature, n'existe qu'à l'état illusoire, dans l'imagination des croyants, asservis à une foi religieuse et qui se soumettent à la réduction de leur esprit critique. La foi s'appuie sur le miracle.

Il est, sans doute, des phénomènes singuliers qui étonnent et déroutent l'homme de science par leur nouveauté. Mais l'homme de science n'est pas enchaîné à un dogme. Son domaine est illimité. Pour lui, pas de bornes à la recherche.

Si un fait nouveau s'offre à son examen, il en cherche l'explication par des méthodes rationnelles, toujours prêt à se rendre à l'évidence.

Tels sont les phénomènes de l'hypnotisme et de la suggestion. Le docteur Charcot en a déterminé la réalité et le caractère scientifique par ses expériences, à la Salpêtrière.

Par la suggestion, on obtient des guérisons d'apparence miraculeuse

Voici que le spiritisme, le psychisme, l'occultisme ouvrent à la science un autre champ d'observation. Des hommes de haute valeur et dont l'esprit n'est pas obnubilé par une foi religieuse, savants français, anglais, allemands, italiens, américains affirment la réalité de phénomènes psycho-physiologiques (télékinésie, matérialisation) qui paraissent contraires aux lois naturelles actuellement connues.

Si les faits cités par Flammarion, Richet, Crookes, le docteur Geley et autres savants sont réels, cela ne prouve pas la possibilité de faits contraires aux lois de la nature. Il y aurait là tout simplement une nouvelle matière offerte à l'observation et à l'expérience, au même titre que la suggestion hypnotique et les actions magnétiques.

Les guérisons soudaines et merveilleuses attribuées à l'intervention de la Vierge de Lourdes ne tiennent pas plus du miracle que les guérisons obtenues, jadis, à Epidaure, par l'intervention d'Esculape. A Epidaure, à Carthage, les fouilles ont mis à jour des centaines d'*ex-voto* offerts au dieu, comme témoignage de reconnaissance. Ils tapissaient les murs des temples d'Esculape comme ils tapissent aujourd'hui les murs de la boutique de Lourdes. Les pèlerins affluaient, tous les ans, en Argolide, comme ils affluent, aujourd'hui, à Lourdes.

Cette affluence et cette confiance se justifiaient par des raisons identiques.

Identiques en étaient les causes et les effets. « Evidemment, dit Zola, dans « Lourdes », des forces mal étudiées encore, ignorées même, agissent : auto-suggestion, ébranlement préparé de longue main, entraînement du voyage, des prières et des cantiques, exaltation croissante ; et, surtout, le souffle guérisseur, la puissance inconnue qui se dégage des foules, dans la crise aiguë de la foi. »

Huysmans dans *Les Foules de Lourdes*, affirme sa foi au miracle : Il est croyant. Il cite des cas qu'on ne saurait expliquer par des réactions nerveuses. L'intervention de la Vierge lui paraît manifeste, incontestable.

Soit. Admettons la réalité de ces miracles.

Or, dirai-je aux croyants, vous admettez que rien n'est impossible à la Vierge mère. Sans bornes est sa toute puissance. Elle participe aujourd'hui de la divinité. Obtenez donc par vos supplications, un de ces miracles qui ne laisserait place à aucun doute, à aucune contestation ; un bras, une jambe repoussant à un mutilé ; la résurrection d'un mort.

Les résurrections étaient fréquentes, au moyen âge, sur les tombeaux des saints. Elles abondent dans la *Légende dorée*. On n'en voit plus depuis longtemps. Pourquoi ?

Un jour d'été, je me trouvais à Lourdes, mêlé aux pèlerins. Avisant un prêtre devant la basilique, je l'aborde et je lui demande si on a des nouvelles du train blanc (train de malades) parti de Paris. Il était en retard.

— Un télégramme nous apprend, me répondit le prêtre, que le train a dû s'arrêter à Limoges.

— Pourquoi ?

— Deux malades étaient morts, au cours du voyage. On s'est arrêté à Limoges pour l'inhumation.

— Cela me paraît étrange.

— Qu'est-ce qui vous paraît étrange ?

— Je déplore ce manque de foi. Il fallait amener ces morts à Lourdes et les plonger dans la piscine. Quel magnifique miracle s'ils étaient ressuscités comme Lazare !

Le prêtre m'enveloppa d'un regard irrité et me tourna brusquement le dos.

Cependant ! Cependant !

A. DELPECH (1).

***

**Jean MARESTAN.**

Je n'ai pas visité Lourdes et ne puis fournir, quant à ce que l'on y observe, aucun témoignage. Mais ayant, pendant plusieurs années, étudié la thérapeutique suggestive et les procédés du magnétisme curatif à l'état de veille, j'ai acquis, à défaut d'une certitude rigoureusement scientifique, au moins la conviction personnelle de la réalité d'une grande partie des phénomènes décrits par les auteurs, depuis Mesmer et le marquis de Puységur, vers la fin du XVIIIe siècle, jusqu'aux œuvres, presque récentes, les docteurs Liebault et Bernheim, de Nancy.

L'extraordinaire ne serait donc pas, pour moi, qu'il y eût à Lourdes des guérisons remarquables, et pour toute sorte de maladies très réelles, ce serait qu'il n'y en eût point. Je suppose même qu'il doit se produire à Lourdes des guérisons beaucoup plus rapides et surprenantes que toutes celles que réussirent à déterminer Mesmer avec son baquet, le baron du Potet avec ses passes et impositions de main, Liebault avec ses discours doux et persuasifs, pour l'excellente raison que la magnificence du décor de la Grotte, l'étrangeté du cérémonial, l'exaltation mystique de milliers de croyants, réunis en une foule dense, communiant en une même foi ardente, avec pour objet les mêmes réalisations, constituent en faveur des auto-suggestions spontanées, et peut-être de la production à haute tension de courants de forces encore mal définies, un milieu autrement avantageux que le cabinet du médecin ou la salle de réception du guérisseur à la mode.

Verrais-je, au sortir de la piscine, la substance des os d'un membre broyé se reconstituer en quelques secondes, que je croirais assister à un phénomène d'ordre psycho-physiologique extraordinaire, mais non au résultat d'une intervention surnaturelle. Crier au miracle parce que l'on découvre quelque chose d'impressionnant, de rare, et d'inexpliqué c'est se comporter comme un ignorant ou un fanatique. D'abord, parce que, n'ayant point la prétention de connaître toutes les lois de la nature, nous n'avons pas qualité pour discerner ce qui pourrait leur être étranger. Ensuite, parce que la preuve est faite que des phénomènes ni plus ni moins merveilleux, tels que le tonnerre, les éclairs, les comètes, les éclipses, etc...,

(1) Ancien Sénateur, auteur de plusieurs ouvrages de valeur et, en particulier, d'une remarquable *Histoire populaire des Religions*.

après avoir épouvanté les hommes, et suscité dans leur esprit des conceptions extravagantes, n'ont plus surpris personne, et ont pris rang dans la physique la plus banale, à partir du moment où une explication scientifique, évidente pour tout le monde, a pu en être donnée.

Ces précédents notoires devraient porter les hommes, mûris par l'expérience, à plus de réserve et de sang-froid lorsqu'ils se retrouvent en présence de l'inconnu, même à Lourdes !

Quant à l'hypothèse d'une intervention de la Vierge Marie, le simple raisonnement devrait, à défaut d'autres considérations, la réduire à néant.

Alors que des infirmières et des petits médecins de campagne, sans prétention à la sainteté, s'en vont de nuit par tous les temps pour se rendre au chevet des malades ou des blessés ; alors que des mères bravent l'incendie ou l'inondation pour se porter au secours de leurs enfants, comment la Mère des mères, au cœur pitoyable par excellence, pourrait-elle contraindre des infirmes aux souffrances et aux frais d'un long voyage, pour se rendre en un lieu désigné par elle, sans même qu'ils eussent l'assurance d'y être soulagés ?

Alors que pour un Dieu, possédant la toute-puissance, il n'est pas plus difficile de redonner des jambes à un cul-de-jatte que de guérir un bénin coryza, d'où vient que sa grâce ne s'exerce jamais dans certains cas ? Pourquoi tant de béquilles sur le mur des *ex-voto* ? Pourquoi pas un seul œil de verre ? Pourquoi pas une seule jambe de bois ?

Jean MARESTAN.

***

**OSSIP-LOURIE.**

L'illusion, la suggestion, l'auto-suggestion, la dissimulation, l'exaltation morbide, le charlatanisme jouent, à coup sûr, un grand rôle dans les guérisons, ou plutôt pseudo-guérisons, passagères, de Lourdes.

OSSIP-LOURIE.

# CONCLUSION

Il est temps de conclure, et brièvement, car la qualité des réponses que nous avons publiées me dispense de longs commentaires.

Mais tout d'abord il me faut remercier très sincèrement toutes les personnes qui ont eu l'amabilité de répondre à notre Enquête. Nous leur manifestons notre entière reconnaissance pour avoir collaboré à la recherche impartiale de la vérité.

On nous a reproché de ne pas avoir publié davantage d'opinions favorables aux miracles. Ce n'est pas notre faute... L'*Idée Libre* leur était entièrement ouverte et j'ai, moi-même, écrit à une quinzaine de personnalités catholiques. A part M. l'abbé Desgranges, qui s'est excusé de ne pouvoir répondre, faute de temps, et M. l'abbé Viollet, dont nous avons eu le plaisir de publier l'opinion, aucune de ces personnes n'a seulement daigné nous répondre. Ce qui prouve, d'abord, que la courtoisie n'est plus guère à la mode et ensuite que les catholiques ne mettent pas beaucoup d'empressement à défendre Lourdes. Auraient-ils peur de la lumière ? Je laisse au lecteur le soin d'expliquer le silence de nos adversaires

Personnellement, je suis allé à Lourdes plusieurs fois et je déclare nettement ne pas croire le moins du monde au « miracle ».

Il y a certaines guérisons surprenantes et curieuses ; il n'y a pas de guérisons surnaturelles ou miraculeuses.

Plus nous allons, du reste, plus nous avançons dans la compréhension de ces guérisons curieuses. On commence à les expliquer et d'une façon de plus en plus satisfaisante.

Je ne veux pas répéter les arguments que la plupart de nos correspondants ont exposé avec tant de logique et de bon sens. Je me contenterai de quelques remarques :

1° Les femmes, plus croyantes, plus sensibles et plus nerveuses que les hommes, fournissent le principal contingent des guérisons. On guérit à Lourdes *trois fois plus de femmes que d'hommes.* (1).

(1) « Aussi, chez une femme nerveuse et psychiquement malade, il se produisait toujours (et cela devait être comme un ébranlement nerveux de tout l'organisme, ébranlement causé par l'attente du miracle de la guérison et par la foi absolue en son accomplissement...» (DOSTOIEWSKY. *Les frères Karamazov*, I. 74.)

2° On ne guérit à Lourdes que des maladies déterminées. S'il y avait « miracle », il n'en serait pas ainsi ; la Sainte Vierge est assez puissante pour guérir n'importe quelle maladie ! Or, on ne relate aucune guérison de cancéreux, de syphilitiques, de cardiaques, etc. Retenons également le fait que les fous ne sont pas guéris à Lourdes ; probablement parce que leur folie les rend réfractaires à la suggestion.

3° Le nombre des guérisons est très réduit : 17 en 1922 ; 18 en 1923. Pourtant, il y a des centaines de milliers de pèlerins chaque année... Beaucoup de bruit pour rien. Et puis, à côté des 18 qui sont guéris, il faudrait placer les centaines de malades dont l'état s'est aggravé à la suite des fatigues du voyage, de la désillusion de ne pas guérir, etc...

4° La croyance au miracle est néfaste. Elle empêche les malades de se soigner. Combien sont morts parce qu'ils comptaient exclusivement sur Dieu et se contentaient de faire des prières — au lieu de lutter énergiquement contre leur mal.

5° Une grande secousse morale peut bouleverser complètement l'état organique — en dehors de toute croyance religieuse. Un paraplégique psychique peut retrouver instantanément ses jambes pour sauver son enfant, un psychonerveux aphone peut retrouver la voix devant un danger pressant (Dr Bernheim). Un impotent peut retrouver ses forces pour tuer le séducteur de sa fille. (*Quotidien*, 22-4-24).

6° Lourdes n'a pas le monopole de ce genre de guérison. On m'envoie des États-Unis une curieuse documentation concernant un guérisseur nommé Walcker, dont le succès est immense. Un ouvrier belge, le Père Antoine, eut son heure de célébrité et parvint même à fonder un culte, dont il était le Pape. Ces exemples (et j'en pourrais citer beaucoup d'autres) montrent que les rares guérisons obtenues à Lourdes ne prouvent pas du tout la grandeur et l'excellence du catholicisme.

7° La science accomplit des merveilles dont on ne parle pas assez et qui sont pourtant bien plus admirables que les histoires de Lourdes. Faut-il parler des remarquables travaux de Voronoff ? des expériences de greffe humaine et de transplantation des yeux ?

***

Deux souhaits pour finir :

A) Que l'ignorance soit de plus en plus combattue, ainsi que la superstition. Les charlatans ne pourront plus alors exploiter aussi largement la crédulité et il y aura moins de naïfs pour croire au merveilleux. Répandons l'amour de la nature et de saines conceptions de la vie. On pourra ensuite fermer l'officine de Lourdes, qui est une honte pour la France civilisée. Et les quelques malades que la foi permet d'y guérir, trouveront bien le moyen de guérir autrement — et de façon plus durable — lorsqu'ils seront conscients.

B) Que la médecine se fasse plus humaine, qu'elle cherche davantage à prévenir les maladies qu'à les guérir... quand le mal est fait. Qu'elle donne des conseils utiles et moins de drogues empoisonneuses, que le malade ne soit plus simplement un gibier de clinique, une chair à ordonnances rémunératrices et à consultations hâtives et superficielles. Pourquoi le médecin n'utiliserait-il pas, lui aussi, les forces psychiques, les bienfaisants facteurs de la nature, de la vie hygiénique, de la lutte contre les poisons, les préjugés, les habitudes absurdes ?

Lourdes... c'est une purulence éclose sur la bêtise humaine. Pour extirper cette tare, pas d'autre remède que la désinfection à outrance !

André LORULOT.

(FIN)

Imprimerie
spéciale de
L'Idée Libre
à Conflans-
Honorine
Seine-et-Oise

# Nos Enquêtes et nos Controverses

*L'Humanité dégénère-t-elle ?* Réponses des Drs Saint-Paul, Héricourt, Boigey, Marie, Jaworski, Forel, Legrain, Proschowsky, de Jean Finot, etc.) franco.......... 0 70

*L'Instinct merveilleux des Insectes* (Réponses des Drs Forel et Jaworski, Prof. Herrera, Han Ryner, etc.).......... 0 55

*Faut-il manger cru ?* (Réponses des Drs Guelpa, Frumusan, Laumonier, Legrain, Dauphin, Krafft, Héricourt ; Professeur Sartory ; Mme Moll-Weiss ; L. C. Rancoule, etc.).......... 1 40

*Peut-on vivre sans Autorité ?* (Réponses de P. Brulat, H. Barbusse, Ch. Richet, J. Marestan, Vigné d'Octon, Mauricius, Rachilde, Paul Reboux, etc.).......... 1 40

*Morale sexuelle chrétienne ou morale sexuelle libertaire ?* (Controverse publique entre l'Abbé Violet et André Lorulot, à Paris).......... 1 15

*Le Conflit de l'Eglise et de la Libre Pensée* (Controverse publique entre l'Abbé Desgranges et André Lorulot, à Saint-Chamond).. 1 15

*Pour ou contre l'Eglise ?* (Controverse publique entre l'Abbé Viollet et André Lorulot, à Puteaux).......... 1 15

*Le Communisme et la Liberté.* Remarquable enquête, avec 24 réponses .......... 1 40

*Dieu existe-t-il ?* (Controverse publique entre Han Ryner et l'Abbé Viollet) .......... 1 65

*La Franc-Maçonnerie et la Guerre* (opinions de Urbain Gohier Joseph Caillaux, Oscar Bloch, A. Lebey, Mermeix, Amiral Degouy, Général Percin, Lucien Le Foyer, etc.).......... 1 65

*Qu'est-ce que l'Ame ?* Enquête de l'*Idée Libre*, avec 28 réponses 2 90

*L'Eglise et la Liberté* (Controverse entre le Chanoine Desgranges et André Lorulot) .......... 1 40

*La Morale peut-elle se passer de la Science ?* (Controverse entre Han Ryner et André Lorulot).......... 0 80

*La Vérité sur Jésus* (*Le Christ a-t-il existé ?*) (Controverse entre le Dr Couchoud et Han Ryner).......... 2 30

**En vente à**

**L'IDÉE LIBRE, à Conflans-Honorine (S.-et-O.)**

Chèque postal : Lorulot, 181-17 Paris.

Imprimerie spéciale de l'*Idée Libre*, à Conflans-Honorine (S.-et-O.).
L'Imprimeur Gérant : Frédéric LECOMTE.

www.ingramcontent.com/pod-product-compliance
Ingram Content Group UK Ltd.
Pitfield, Milton Keynes, MK11 3LW, UK
UKHW020958180726
13838UKWH00003B/1379